叢書・ウニベルシタス　184

四つ裂きの刑

E. M. シオラン
金井　裕 訳

法政大学出版局

訳者への手紙

別のところですでに述べたことですが、重ねていっておきたいことがあります。それは青年期以来、幸福のときも不幸のときも、私が「自殺」は唯一の解決策であり、私の一切の問いに対する完璧な答えであると思わずに、一日たりと過したことはなかったということです。この観念、というよりむしろこの妄執が私の生きるよすがであったことを、私は一瞬たりと疑ったことはありません。望みのときに死ぬことができるという確信、ここにはなにかしら私たちの気持を奮い立たせ、くすぐるものがあり、そしてそれが耐えがたきものを耐えうるものに変え、無意味なものに意味を与えるのです。幸か不幸かは知りませんが、生存を正当化しうる客観的理由など見出すべくもないのです。にもかかわらず私たちが生き、かつ生きながらえてゆくことができるのは、日々の啓示と化した普遍的な無益さという明白な事実が、私たちの裡《うち》に存在する秘められた力を奮い立たせると信じているからであり、そしてまたこの事実が、虚無への挑戦、死に対する勝利であり、幻想などいささかもあずかり知らぬ勝利であると確信しているからなのです。

私がどうしてもあなたにお伝えしておきたいと思っていたのは以上のことです。このメッセージは、だれであってもかまわないのですが、いまや滅びつつある人類の姿を目のあたりにしている人の、勇気への、あるいは歓喜への誘《いざな》いにすぎないと思っております。

一九八六年一月十八日　パリ

E・M・シオラン

四つ裂きの刑／目次

二つの真理

西洋の庭に閉門を告げる鐘は鳴りぬ。
――シリル・コノリー

グノーシス説の影響をうけた、ある伝承にこんな話がある――天上で天使たちのあいだに戦端が開かれ、ドラゴンに与した天使たちは大天使ミカエルに与した天使たちの前に敗れ去った。どちらに就くべきかふんぎりがつかず、拱手傍観をきめこんでいた天使たちは、天上でなしえなかった選択を行なうべく地上に追放されたが、戦いについてはもとより自分たちの曖昧な態度についてさえ何ひとつ記憶にとどめていなかった彼らだけに、これはまた一段と困難な選択であった(1)。

かくして、ある種の不決断が歴史の始動の原因となり、そして本来的な優柔不断の結果として、地上への追放の刑に処せられる以前の、あの加担不能の結果として、人間が生まれてくることになる。選択を学ぶべく地上に追放された人間は、行為を、冒険を余儀なくされるであろうが、自分の裡の傍観者を圧殺せぬかぎり、彼は行為も冒険もなすことはできまい。中立性なるものをある程度まで許容するのはただ天上だけであり、歴史はこれとはまったく逆に、人間となってその身を現ずる前に、いずれかの陣営に加担すべき理由を何ひとつ見出すことのできなかった者たちへの懲罰として姿を現わすであろう。そうであればこそ、人類は大義を捧じ、真理のもとに集結し、結束することにかくも熱心なのだ。だが、いかなる真理のもとにか。

後期仏教、なかんずく中観派においては、解脱せる者に固有のまことの真理、すなわち真諦と、解脱せざる者の特権ないしは不運ともいうべきありふれた真理、すなわち〈覆われた真理〉、もうすこし正確にいえば〈誤謬の真理〉、つまり俗諦との根本的対立が強調されている。

一切の真理の、そして真理の観念そのものの否定の危険をはじめ、ありとあらゆる危険を引きうけるまことの真理、これは非行動者の、行為の圏外に断乎としてとどまる者の特性である。彼にとって唯一の喫緊事は、非実体性の把握（直観によるか方法によるかは問うところではない）であるが、もちろん、この把握はなんら欲求不満の感情を伴うものではない。なぜならば、非実在への接近は、一種いわくいいがたい充実化を意味しているからである。彼にとって歴史はひとつの悪夢であろうが、彼はこれを甘んじて受け容れるだろう。というのも、いずれにしろ私たちはだれしも望みの悪夢を見ることはできないのだから。

歴史の過程の本質を、というよりむしろその本質の不在を把握するためには、およそ歴史の過程が担うあらゆる真理は例外なく誤謬の真理であり、そしてそれがかかる真理であるのは、それが本質なきものに固有の本質を、実体なきものに実体を与えているからである、という明白な事実をはっきり認めなければならない。私たちはこの真理二重説によって、歴史が、夢遊病者の楽園が、昂進しつつある精神朦朧が、非実在の階梯のなかに占めている場所を見分けることができる。実をいえば、歴史は必ずしも本質をまったく欠いているわけではない。というのも、歴史とは欺瞞の本質であり、私たちを盲にし、私たちが時間のなかに生きるのを助けるあらゆるものを解く鍵であるからである。

★

一切業果捨施(2)……もう何年も前のことになるが、私はこの心を魅する言葉を一枚の紙に大書して、日がな一日ながめていることができるように部屋の壁に貼りつけておいた。そのまま数か月が過ぎたが、やがてこの言葉の魔術への拘泥が昂ずるにつれて、内容への愛着がますます薄れてゆくのに気づいてはがしてしまった。だが、行為の成果の超脱というこの言葉の意味は、真にこれを体得した者にとっては、もはやなすべきものは何もないと思われるほど重要なものだ。なぜなら、かかる人間は、そのとき唯一まことの限界に達しているからであり、あらゆる真理という真理を内容空疎なものとしてあばき、無効と断ずるまことの真理に達しているからである。しかも、この真理そのものも内容空疎なものだ――だが、それはみずからを自覚した空疎なのだ。試みに、自覚の自覚なるものを、覚醒へのさらなる一歩を想像してもらいたい。そうすれば、この一歩を実行に移す者がもはや幽霊にも等しい存在でしかないことが分かるだろう。

この限界の真理に達したとき、私たちは歴史のなかで見栄えのしない姿をさらし始めるが、歴史は、さまざまの動的真理、つまり誤謬の真理の総体とひとつのものであり、そして当然のことながら、幻想こそこれらの真理の原則である。覚醒せる者、迷妄から覚めた者たち、これら弱者たらざるをえぬ者たちは、事件の空しさを看てとってしまったがために、事件の中心人物になることはできない。二つの真理のかかわりあいは、覚醒にとっては稔り豊かなものだが、行為にとっては有害なものだ。それは一個人同様、一文明、いや一民族にとってさえ崩壊の兆しの徴《しるし》なのである。

目覚める前に、私たちは至福の、無責任の、陶酔のときを経験する。だが幻想の濫用のはてには、飽満がやってくる。覚醒せる者はすべてのものから断ち切られており、彼は典型的な脱‐狂信者であって、魅惑的なものであれグロテスクなものであれ、もはや妄想《シメール》の重荷に耐えることはできない。妄想とはまるで無縁になってしまった彼には、どんな過ちでこんなものに夢中になれたのか合点がゆかぬほどである。かつて彼が異彩をはなち、ひときわ際立った存在だったのはこれらの妄想によるのだが、今や、その過去は未来同様、彼には想像不可能のもののように見える。彼はおのれの実質を使いはたしてしまったが、あたかもそのさまは、運動をこととする悪魔に身を委ねたためにあまりに早く進化しすぎてしまった民族、さまざまの偶像をきれいさっぱり片づけてしまったために、ついには予備の偶像さえなくしてしまった民族に似ている。こと騒ぎと混乱にかけては、フィレンツェの十年間はグリゾン地方の五百年間におとらなかった、とシャロン[3]は書きとめている。そして彼はこの事実をもって、社会は精神を寝かしつけることができぬかぎり存続しえないと結論づけているのである。

古代社会の存続はいかにも長期にわたるものであったが、それは、古代社会が革新の羨望も、他の偶像をつねに跪拝しようとする羨望も知らなかったからである。世代ごとに偶像が変るとき、歴史的長寿など期待すべくもない。古代ギリシアと現代ヨーロッパは、変身への渇望のゆえに、神々およびその代用品の過度の消費のゆえに、早すぎる死に見舞われた文明の典型である。古代中国とエジプトは、幾千年の永きにわたって堂々たる動脈硬化症の状態で寝たきりだった。西洋と接触する前のアフリカの社会とてこれに変りはなかった。現在、アフリカの社会もまたその存続を脅かされているが、それは別のリズムを採り入れてしまったからだ。停滞の独占権を失ってしまったアフリカ社会は、ますます多忙をきわめつつあり、やがてはそのお手本同様に、千年以上は続くべくもない、あの熱病やみの文明同様に、必ずや瓦解するであろう。未来において覇権をにぎる民族は、かつての民族ほどその覇権を享受することはあるまい。というのも、速度を減じた歴史は、息もたえだえの歴史に情容赦なくとってかわられるからである。ファラオたちを、そして中国のその同職者たちをどうして愛惜しないでいられようか。

さまざまの制度、社会、文明、これらのものはそれぞれその持続と意義とにおいて異なるが、しかしその服するところはひとつの同じ法則であり、この法則によれば、それらの上昇の要因である御しがたい衝動は、一定の時間が経過すれば弛緩し、沈静しなければならず、そしてこの凋落は、あの力の発生炉、すなわち熱狂の衰えに対応している。発展の時代に、つまりは事実上、狂気の時代にくらべれば、凋落の時代は健全なもののように思われる。事実、それは健全なものであり、健全なものでありすぎるのであって、そうであればこそ他の時代におとらず有害なものなのだ。

自己の目的を達成し、自分の才能を使いはたし、みずからの天与の才をとことん利用し尽してしまった民族は、以後もはや何ものをも生みださぬことをもって、この成功の償いをつける。自分の義務をはたし終えて、細々と生きることこそその願いだが、しかし生憎なことに、そんな自由は望むべくもあるまい。ローマ人たち――あるいは彼らの遺風をとどめていたもの――が休息を欲していたとき、蛮族が大挙して活動を開始した。蛮族の侵入にかんする概論書を繙けば、ローマ帝国の軍職や官職にあったゲルマン人たちは、五世紀中葉までラテン式の名前を使っていたことが分かる。ゲルマン風の名前が必要不可欠のものになるのは、これ以後のことである。疲労困憊し、あらゆる分野から退却してしまった主人たちは、もはや畏怖の対象でも尊敬の対象でもなかった。そんな主人たちと同じような名前を名乗ったとてなんになろうか。「一種の致命的な惰眠がいたるところに瀰漫していた」とサルヴィアヌスは述べているが、彼こそは、その最期を迎えた古代の頽廃に対するもっとも手厳しい告発者であった。

★

ある晩、メトロに乗り合わせた私はしげしげとあたりを見回したものである。乗客の大部分はよそ者だった……それでもなかに二、三人、土地の者の顔がみられたが、彼らは困惑した影法師のようであり、ここにこうしている許しを乞うているかのようだった。ロンドンでも同じ光景にぶつかる。

今日、移住はもはや集団移住ではなく、ひきもきらぬ浸透のかたちで行われている。つまり、〈土着民〉のなかにすこしずつ入り込んでゆくのであり、無気力にすぎ、お上品にすぎる〈土着民〉は、〈領土〉という観念を盾にとるほど卑しくはなれないのだ。幾千年にもわたる警戒の後で、やっと門戸が開かれたのである……フランス人とイギリス人の、そしてそれに続くフランス人とドイツ人の永い抗争を思いみるとき、彼らはいずれもそれぞれの衰弱を通して、彼らにかわる別の人類の見本がその後を継ぐべく、ただひたすら自分たちの敗北の時の到来を早めることをもってその任務としていたかのようである。かつての民族移動（Völkerwanderung）がそうであったように、新しい民族移動も人種上の混乱をもたらすであろうが、その推移を正確に見通すことはできない。これほどにも種々雑多な面貌に接すれば、多少なりとも同質の社会などという観念は想像すべくもないのである。かくまで異質の大衆が存在しうることを思えば、彼らに占拠された空間のなかには、影にしかすぎぬ自分たちの同一性を保持しようとする土着民の欲求など、もはや存在していなかったのではないかと考えられる。紀元三世紀のローマにおいて、百万人の人口のうちラテン系民族の祖先をもつ者はわずかに六万人にすぎなかった。一民族が具体化すべき使命を負った歴史的観念が達成されてしまえば、民族にはもはや種々雑多の人間のひしめく混沌のただなかで自分の差異性を保持し、特異性を育み、特徴を守り通す理由などひとつとしてありはしないのである。

両半球を不当に支配したあげく、いまや西欧諸国民は両半球のもの笑いになろうとしている。つまり彼らは影のうすい幽霊、言葉の本来の意味における名門の末裔であり、賤民の、気息えんえんたる奴隷の条件を余儀なくされているのだ。この条件を免れうるのは、おそらくあの最後の「白人」ロシア人であろうが、彼らには、歴史のあの動因、いや、あの原因ともいうべき自尊心がいまだに失われてはいないからである。一民族が自尊心を失い、みずからを宇宙の理由、あるいは口実であると思わなくなれば、生成から排除される。それは理解してしまったのであり——そしてかかる事態は、各人の見方いかんによって、その民族の不幸でもあれば幸福でもあり、一方では野心家どもの失望を買えば、一方ではまた、いささか頽廃した瞑想家の心を魅するのである。私たちの関心に値するのは、危険なほどにも進歩してしまった諸民族だけだが、これらの民族は、私たちの「時間」との関係が不和をきたし、私たちがみずからを罰し、鞭打ちたい欲求にかられて歴史の女神クリーオーに取り入ろうとするとき、特に私たちの関心をそそるのである。それに、偉大なものにしろ、卑小なものにしろ、さまざまの計画を唆すのはこの欲求なのだ。私たちはだれにしろ自分の関心にさからって仕事をする。仕事をしているかぎり私たちはこの事実に気づかないが、しかし試みにどんな時代でもよいから検討してみるならば、私たちがつねに隠然たる、あるいは公然たる敵のために動きまわり、わが身を犠牲にしていることが分かるだろう。大革命に参加した人々はボナパルトのために、ボナパルトはブルボン家のために、そしてブルボン家はオルレアン家のためにといったように……歴史に汲みとることができるのは冷笑だけなのか。そして歴史には目的はないのか。いや、歴史にはひとつならずの目的が、多くの目的すらあるが、しかしその目的は逆様に達成されるのだ。この事実は普遍的に確かめることができる。私たちが実現するのは私たちが追求していたものとは逆のものであり、私たちは自分に課した美しい幻影にさからって前進するのだ。ここに、うさんくさいさまざまのジャンルのなかでも最も興味をそそる伝記への関心が生まれる。意志は、いまだかつて人の役に立ったためしはなかった。人間の生みだしたもののなかで最もいかがわしいものは、人間が最も執着していたものであり、最大限の窮乏をわが身に課して生みだしたものだ。この間の事情は、作家や征服者はいうに及ばず、事実上だれにでもあてはまる。どんなありふれた人間の最期も、一帝国の、あるいは人類そのものの最期におとらぬ反省をさそうが、かつて直立の姿勢を獲得したことをあれほど誇りに思っていた人類は、それを失って最初の姿に戻るのを、つまりはその生涯を、かつての、背は曲がり、軟毛に履われていた姿で終えることを極度に怖れているのである。私たちひとりひとりの人間には、(その人間の歩んできた道程の、そしてすべての道程のむなしさを例証するためでもあるかのように) 出発点に逆戻りするのではないかという不安が重くのしかかっており、この不安を免れえた者は、義務を回避しているかのような印象を、とてつもない逆説的な失格の手を考えだしてゲームから降りてしまったかのような印象を与える。

★

凋落の時代のはたすべき役割は、文明を裸にし、その仮面をあばき、そのさまざまの威信を、達成と結んだ尊大さをはぎ取ることだ。かくして文明は、かつてもち、そして現にもっているその価値を、その努力と痙攣のなかにあった偽りのものを見分けることができよう。その名声を保証していたさまざまの虚構から自由になってはじめて、文明は認識へ向かって……迷妄から覚醒へ向かって、普遍的なものと化した覚醒へ向かって、はかり知れぬ一歩を画することになろう……これは不可避の昇進というものであり、文明が歴史に参与せず、そして歴史においてその卓越した力を発揮しなくなったことが、文明の覚醒の直接の原因でないならば、この昇進によって文明は歴史の外に投げだされるだろう。明晰性とは反射運動の破壊の結果そのものであるが、その明晰性の結果ともいうべき覚醒の普遍化は、精神の次元における解放と、行為の次元、まさに歴史の次元における降伏との徴であり、歴史は挫折の確認に帰着する。すなわち、私たちが歴史に目を転ずるや、私たちは茫然自失した傍観者の立場を余儀なくされるのだ。歴史と意味とのあいだに立てられた機械的な相関関係こそは、誤謬の真理の典型である。お望みとあれば、歴史には意味があるが、しかし歴史を問題にし、一瞬ごとに歴史を否定するのはこの意味であり、かくして歴史を刺激的にして不気味なものに、哀れにして偉大なものに、要するに、抗うべくもなく私たちの意気を阻喪させるものにしているのはこの意味なのだ。歴史が堕落の過程そのものでないとしたら、だれがいったい歴史を真面目に考えるであろうか。私たちが歴史に関心を寄せているという事実そのものが歴史の何たるかを語り尽しており、そして私たちの歴史に対する自覚は、エルウィン・ライスナーによれば、時代の終焉の徴候なのである（Geschichtsbewusstsein ist Symptom der Endzeit）。けだし私たちは、歴史の終結の強迫観念にとらわれずには歴史に対する強迫観念を抱くことはできない。神学者は最後の審判をめざしてさまざまの事件を考察し、不安にかられた人間（すなわち予言者）は、豪華さの点では見劣りはするが、しかし同じように重要な背景をめざして考察する。彼らはともに、デラウェア・インディアンが過去に投影していた災厄と同じような災厄を期待しているのである。デラウェア・インディアンの伝承によれば、この災厄の続くあいだ、恐怖にかられた人間だけではなく動物たちもまた祈りを捧げたのである。それでは平穏の時代はあったのか、と反論されるむきがあるかも知れない。平穏というものが光り輝く悪夢にすぎず、達成された受難《カルヴェール》にすぎぬとしても、平穏の時代の存在していることは否定すべくもないのである。

★

悲劇は個人の運命であって、決して歴史のそれではない、とするある種の人々の見解に同ずるわけにはいかない。歴史は悲劇を免れえぬばかりか、悲劇の支配に委ねられ、悲劇の英雄以上に悲劇の刻印をおっているが、それというのも、歴史がいかなる展開をみせるかが、歴史のかき立てる好奇心の中心になっているからだ。私たちが歴史に夢中になるのは、どんな予想外の突発事が歴史を待ちかまえているかを、そして歴史が私たちの懸念にどんな驚くべき出口を提供するかを本能的に知っているからである。……にもかかわらず、経験ゆたかな精神にとって、解決不可能なものに、根源的な出口なしの状態に、歴史のもたらすものなどはたかが知れているのだ。悲劇同様、歴史は何ひとつ解決しないが、それというのも解決すべきものなどひとつとしてないからである。私たちはつねに混乱を介して未来を探る。事件という事件が洗いざらい中断されてしまったかのように呼吸できないとはかえすがえすも残念だ！事件の存在がすこしでも余計に目立つようになると、私たちはきまって決定論の発作に、運命論者の激怒の発作に捉えられる。自由意志によって私たちに説明のつくものは、歴史の表面、歴史のまとっている外観、その外面的な有為転変にすぎず、深部でも、真の流れでもない。そしてこの真の流れにしても、私たちの当惑を誘う性質を、あえていえば神秘的な性質を失ってはいないのである。私たちはハンニバルがカンヌに次いでローマを襲わなかったことにいまだに釈然としない思いを抱いている。もし彼がローマを襲っていたなら、今日、私たちはカルタゴ人の血を引く者であることを誇りに思ったことだろう。気まぐれ、偶然、したがって個人、こんなものはなんの役割もはたさないとする主張は戯言である。だがしかし、生成なるものをその総体において考察するとき、『マハーバーラタ』の次のような見解がきまって思い返されるのも事実である。曰く「運命の神の結び目は解かれることはない。この世のなにものも私たちの行為の結果ではない。」

★

私たちは二重の呪いの犠牲者であり、二つの真理のあいだに引き裂かれ、一方を選べばたちまち他方を惜しまずにはいられず、あまりに目先がききすぎるがゆえに、腰抜けたらざるをえず、幻想と幻想の不在とから覚めることもできないのである。この点で私たちはランセ(4)に似ている。自分の過去のとりこであったランセは、その隠者としての生活を、自分が袂を分かった者たち、あの中傷文の作者どもとの論争に捧げたが、彼らはランセの回心の真摯さに、そのさまざまの企図の根拠に疑いの目を向けていたのであり、つまりは、現世を捨てるよりもトラピスト修道会の改革の方がはるかに容易であることを示してみせたのである。同じように、歴史を告発することほど容易なことはない。だがこれとは逆に、私たちが人間としての姿を現わしたのは歴史からであり、そして歴史が簡単に忘れ去ることのできないものであるとき、歴史から自由になるのは至難のわざである。歴史は究極のヴィジョンに対する障害物、邪魔物であり、私たちはあらゆる事件の無益性を知覚しなければ、これを飛び越えることはできない。ただし、あらゆる事件とはいえ、この知覚そのものに相当する事件は例外であり、私たちはこの事件のおかげで、まことの真理に、つまりあらゆる真理の克服に達することもあるのだ。モムゼンの言葉が理解できるのはこのときだ。「歴史家は神のごとくあらねばならず、あらゆる人間、あらゆる事物、悪魔をも愛さねばならぬ。」いいかえれば、歴史家は偏愛を断ち、不在に、無たらんとする義務に習熟しなければならないのだ。唐突に永遠性に見舞われた歴史家、解脱者なるものをこの種の歴史家として想像してみることができるかも知れない。

★

私たちの選択に委ねられているのは、息苦しいさまざまの真理か、有益なさまざまのペテンか、このいずれかにすぎない。私たちに生きることを許さぬ真理だけが真理の名に値する。生きている人間の欲求など歯牙にもかけぬこれらの真理は、私たちの共犯者たることは諾《うべな》わない。それらは〈非人間的な〉真理、眩暈をさそう真理であり、私たちはスローガンに、あるいは神々に姿を変えた支えなしでは済まされぬ以上、これらの真理を捨ててかえりみない。さまざまの虚構に、そして虚妄に最もひんぱんに助けを求めたのは、情けないことに、いつの時代でも偶像破壊者か、みずから偶像破壊者をもって任じていた者たちであることが分かる。古代世界は、キリスト教が調合することになるいかにも粗雑な解毒剤を必要としたが、してみれば重傷を負っていたに違いない。現代世界も、それがさまざまの奇跡に期待している救済策から判断するかぎり、古代世界におとらず重傷を負っている。賢者のなかでも最も狂信的なところのなかったエピクロスは、かつて偉大な敗者であったように、今日においても偉大な敗者である。私たちは、さまざまの人間が「人間」の解放を口にするのを聞くとき、驚愕に、いや激しい恐怖にすら捉えられる。奴隷にどうして「奴隷」の解放ができようか。そして歴史――さまざまの誤解の行列——がこのまま長くその姿をさらし続けることができるとどうして信じられようか。いたるところの庭に、やがて閉門を告げる鐘が鳴るであろう。

回想録の愛好者

神秘家《ミスチック》たちは内的人間と外的人間とを区別し、当然のことながら真《まこと》の人間の典型ともいうべき前者を選んだものだが、後者、すなわち陰気な、あるいは笑止な操り人形どもは、当然モラリストたちの取り扱うべきものであった。彼ら操り人形の告発者でありながら一方ではその共犯者であり、彼らのやくたいなさにうんざりしていながら同時にまたそれに惹かれているといったように、モラリストたちの態度は曖昧なものだったが、彼らは辛辣さという手段を、あの品位を欠いた陰鬱さという手段を講じなければ、この態度を克服することができなかった。こういう手段を拒むことができるのは、自分の嫌悪感を掌握する力をつねに失わずにいたパスカルのような人間だけである。彼が回想録作者の痕跡をとどめるはずもなかったのはまさにこの力によるが、一方、ラ・ロシュフーコーにみられるような感染性のあるとげとげしさは、回想録の作者たちが描きだすあらゆる肖像《ポルトレ》、あらゆる物語の背景に存在しているのである。

決して声を高めることもなければぞんざいな口調を弄することもないからには、モラリストとはもとより育ちの良い人間である。自分の同類を忌み嫌うにしてもお上品な表現をもってしているのを見ても、またほとんど贅言を費やさぬという、さらに重要な点から見ても、育ちの良さはまぎれもないところだ……簡潔な表現にまさる〈文明〉の徴があろうか。くどくどと駄弁を弄し、説明し、証明してみせる――こんなことはすべて卑俗のとる形式である。品位というものをすこしでも願う者は不毛性を恐れてはならず、それどころかもっぱら不毛性を心がけ、「言葉」の名において言葉を破壊し、沈黙と手を結び、稀に沈黙を捨て去ることがあっても、一段と深く沈黙に沈潜しなければならないのだ。格言はいかがわしいジャンルに属するものだが、にもかかわらず、私たちはそれによって言葉の過剰という無作法を断ち切ることができる以上、それはいぜんとして慎みの実践なのである。格言にくらべればはるかに散漫な、したがってはるかに気ままな肖像《ポルトレ》は、作者によって冗漫の場合もあれば、内容ゆたかな場合もあるが、たいていは一種の格言である。だが例外的に、それは爆発した格言のかたちをとりうるのであり、かずかずの特徴を積み重ねることによって、また余すところなく語り尽そうとする意志によって、無限を喚起することもできるのである。このとき、私たちが応接するのは、類例のない一現象、一ケースであり、ある作家の場合である。国語があまりに窮屈に感じられてならなかったこの作家は、国語を乗り越え、国語のもつあらゆる言葉をかかえて、国語から遁走する……彼は言葉を犯し、根こそぎにし、横領し、好き勝手に使っては、言葉をも読者をも一顧だにせず、読者には忘れがたい、壮大なる受難を課するのだ。サン＝シモン(1)はなんと育ちの悪い人間であることか！

……とはいっても、彼の育ちの悪さは「生」以上のものではなく、彼は、あえていえば「生」の文学的な写しなのだ。抽象に対するどんな嗜好も、どんな古典的な痕跡も彼にはない。直接的なものに親しく接していた彼は、独特なセンスとともにエスプリがあり、しばしば公平を欠くことはあっても、本心を偽るようなことはめったにない。彼の描いた肖像《ポルトレ》にくらべれば、他の一切の肖像は図式のようなものであり、エネルギーもなければ正確なところもない、ありきたりの作文のようなものだ。彼は自分に才能があるなどとは思っていなかったし、束縛のあの極端な場合を知らなかった。これこそ彼の強力な切札だった。彼はなにものにも怯まず臆せず、熱狂にかられるがままに突き進み、ためらいも気がねもあずかり知らない。それはさながら赤道地帯の一感受性のようなものであり、自分の感覚の横溢に痛めつけられながらも、熟慮に、あるいは自省に由来する、あの足枷を自分に課することはできないのだ。彼の描く肖像には、いかなる意図も、明確ないかなる輪郭もない。賛辞を読んでいると思っていると、たちまち一杯喰わされたことが分かる。突然、思いがけない筆致が、誹謗文書用の形容詞が現われてくる。実をいえば、それは擁護でもなければ、刑の執行でもなく、ヴェルサイユのまっただなかに「混沌」の吐き出した、至極あたり前の、しかし一筋縄ではゆかぬ、ありのままの個人の姿なのである。

　サン＝シモンの『回想録』を原稿で読んだデュ・デファン夫人(2)によれば、その文体は〈唾棄すべきもの〉であった。オレルアン公フィリップの摂政時代にかんするさまざまのデータを汲み取るべくひとしく『回想録』を読んでいたデュクロ(3)もまた、おそらく同じ見解であったが、そのデュクロがくだんの歴史を書いた言葉はといえば、まるで無味乾燥なものだった。それは甘ったるく味つけされたサン＝シモンであり、力強さなど微塵も見られぬお上品なものである。十八世紀の文体は、そのひからびはてた明晰性によって、また意表をつくもの、不正確な表現、錯綜したもの、恣意的なもの等の拒否によって、完璧への、非-生命への転落を思わせる。一切の無拘束を嫌う、人工の、貧血した、温室の産物は、まったく独創的な作品を、独創性というものが本来前提としている不純なものを、恐るべきものをそなえた作品を、いかにしても生みだすことはできなかった。逆に生みだされたものといえば、突起もなければ謎もない半透明の言葉が、流行によって、明晰性の異端審問所によって禁圧され、監視されて、貧血をきたした言葉が、わがもの顔にのさばっている厖大な作品であった。

★

「私は良い趣味をもつほど暇ではない。」――だれのいった言葉かもう忘れてしまったが、この言葉はたんなる洒落の範囲を越えている。事実、趣味とは閑人やディレッタントの専有物、ありあまる時間をもちながら、その時間を、どうということもない微妙なものや粋を凝らしたもののために使う者たちの、なかんずくわが意に反して使う者たちの専有物である。

「ある朝（日曜日のことでしたが）、私どもはミサに行くためにコンティ公をお待ち申し上げておりました。サロンのテーブルのまわりに腰を下ろしておりましたが、元帥夫人（リュクサンブール元帥夫人）は、そのテーブルの上の私どもの祈禱書を楽しそうにお読みになっておりました。すると突然、夫人は二、三の特別なお祈りの言葉に目をとめられました。夫人にはこの上ない悪趣味のものと見えたのでしょうが、実際、その表現は奇妙なものでありました。」(ド・ジャンリス夫人『回想録』)

祈りの文句に言葉への追随を、文章化を求めるなど沙汰のかぎりである。そんなことよりむしろ大切なのは、祈りの文句が無骨なもの、少々愚直なもの、したがって本当のものであるということだ。これこそ、はぐらかしの技に長け、ミサに行くにも夜食や狩に出かけてゆくのと同じ気分でいるような連中からは、特にかえりみられることのない性質だった。彼らには信仰心に不可欠の厳粛さが欠けていた。彼らが愛し育んだものは、繊細微妙なものにすぎなかった。さきの言葉からすれば、元帥夫人は、ウェルギリウスやサリューストのラテン語に惚れこんでしまったあまり、福音書の下品なラテン語はとても我慢ならない、とうそぶいていたルネッサンスの、あの枢機卿とうりふたつである。ある種の繊細さは信仰とは両立しない。つまり趣味と絶対的なものとは相容れないものなのだ……いかなる神といえども、精神の微笑に、洒脱な懐疑にさからって生き残れはしない。これに反し、胸をえぐる懐疑は、自己否定を、情熱へのみずからの変成をただひたすら願っている。洗練がアクロバットのような性質をおびている世界に、この種の変身を探し求めても詮ないことであろう。

それぞれの言語は、その生成のメカニズム、その本質そのものによって、形而上学的なさまざまの潜在力を備えている。フランス語、それも特に十八世紀のフランス語は、この力をほとんど持ちあわせていない。挑戦的で非人間的なその明晰性、不明確なもの、私たちをさいなむ本質的に曖昧なものの拒否、こうしてフランス語は、神秘をめざしうるものの、実際には神秘を容れる余地のない表現手段と化した。

しかもフランス語において、神秘は眩暈と同じように、特に意図され、要請されたものでなければ、おうおうにして精神の欠陥の、あるいは混乱した統辞法の結果なのだ。

ある言語学者の見解によれば、死語とは、私たちに誤りをおかす権利の与えられていない言語の謂である。とはすなわち、新しい表現はどんな些細なものですら、これを持ち込む権利はないということだ。フランス語は「啓蒙」時代に、この硬直化と完成のぎりぎりの極限に達していた。フランス革命後、その硬直化と純粋性の度合は減じたが、しかし完成において失ったものを自然において獲得したのだ。生き残るために、存続するために、フランス語は堕落しなければならず、かずかずの新しい不適切な表現を採り入れて豊かにならねばならず、サロンから街頭へ出てゆかねばならなかった。突然、フランス語の影響と威光の及ぶ範囲が狭まった。フランス語が洗練されたヨーロッパの言語であることができたのは、奇妙なほどにもやせほそったフランス語が最高度の透明性に達した時代だけだった。ある特殊な言語は、それがみずからの根源から自由になり、そこから遠ざかり、それを否認するとき、普遍性に近づく。ことここにいたって、活力の回復を、非現実性あるいは硬直症の回避を願うなら、言語はその固有の欲求を断念し、みずからの枠組と手本とを破壊しなければならず、悪趣味に同意しなければならないのである。

★

老朽化した一社会の魅惑的なスペクタクルが十八世紀を通じて繰り広げられるが、この社会の姿こそは、限界に達し、あらゆる明日という明日への関心から永遠に覚めてしまった人類の姿の予表である。このとき、未来の不在は一階級の独占ではなくなり、空虚のみごとな大衆化となってあらゆる階級に及ぶであろう。想像力の助けをかりずとも、この最後の段階は容易に想像することができる。ひとつならぬ事実が、そのなんたるかを教えている。進歩の観念そのものさえ、いまや結末の観念と不可分のものと化してしまったのだ。あらゆる民族はみずからに決着をつける術の修得を願っているが、この術の修得に彼らをかり立てる渇望はいかにも激しく、彼らはこの渇望を充たすためとあらば、これを妨げるおそれのある手段はどんなものでも、これをはねつけて辞さないであろう。世紀の終りには断頭台が立てられたが、歴史の終末に予想できるものは、はるかに大規模な背景である。

みずからの最期の展望にいい気になっている社会は、例外なく最初の一撃で潰え去るであろう。生命の原理の一切を奪われ、襲ってくる力に抵抗しうる何ものももたぬ社会は、転落の魅力に抗すべくもなかろう。フランス革命が勝利を収めたのは、権力が虚構であり、〈専制君主〉が幻影であったからだ。それは文字通り幽霊どもに対する戦いであった。けだし、革命というものがどのようなものであれ、それが勝利を収めることができるのは、相手が非現実的秩序であるときだけだ。この間の事情は、あらゆる新事態の到来、歴史のあらゆる大転換点にあてはまる。ゴート族が征服したのはローマではなく、一個の屍体であった。蛮族たちのただひとつの取柄は、彼らの鼻がよくきいたことだった。

摂政オルレアン公フィリップは、十八世紀初頭の、あのはなはだしい腐敗堕落の象徴であった。彼の裡でまず目につくのは、〈性格〉の完全な欠如である。その政務を扱う態度は、私事のそれと同じぞんざいなものだった。政務にしても私事にしても、それらが招き寄せる洒落との関係でしか彼の興味をそそらなかった。その情熱においても悪徳においてもひとしく無定見だった彼は、いずれに熱中するにしてもノンシャランであり、まるで関心がないかのようであった。彼は愛することも憎むこともできず、多様なものであったおのれの才能を発揮することなく生きたのであり、才能を育てあげることを潔しとしなかった。「何ごとにおいても無定見であり、人間が定見をもちうることを理解することさえできなかった」彼は、サン＝シモンの付言するところによれば、「感覚麻痺をきたした人間であり、どんな危険な、どんな致命的な侮辱をうけても、それで苦しむということがなかった。そして神経と、憎悪、友情、感謝、復讐の原理とは同一のものであり、彼にはこのバネが欠けていたから、その結果もたらされるものははかり知れず危険なものであった。」

衰弱した無能者、驚くべき無気力な人間だった彼は、軽薄さを絶頂にまで押しあげ、かくして、洗練し尽され、破滅に魅せられ、破滅して息絶えるにふさわしい発育不全の一世紀の幕を切って落した。その結果、国政上の大混乱が生まれることになる。同時代の人々はこの混乱の責任を彼に帰するにとどまらず、彼をネロにくらべることさえ辞さなかった。だがそれでも、彼らはネロにまさる雅量を彼に示し、投げやりと茶番とで弱体化した専制主義下に生まれあわせた自分たちを仕合せであると思っていたに違いない。彼が、デュボア修道院長をはじめとする悪党どものいいなりになっていたことは否定すべくもない。だが、うすら笑いを浮かべている悪党どものでたらめぶりの方が、清廉潔白な者たちの警戒心よりましではないか。なるほど、彼には〈神経〉がなかった。しかし一方からすれば、この欠如はひとつの美徳である。というのも、それは自由を、というか、すくなくとも自由の見せかけを可能にするからである。

ガリアニ神父(4)(後にニーチェが高く評価する人物である)は、抑圧に対する弾劾が人々のあいだに見られるとき、社会の風紀は実際には寛大なものであることを理解していた数すくない人間のひとりである。彼は鈍感でしかも強情なルイ十四世に、移り気で懐疑的なルイ十五世を対比してはばからなかった。「ポール・ロワイヤルに対するイエズス会士どもの迫害の苛酷さと百科全書派に対する迫害の寛大さとをくらべてみれば、二人の王の治政の、品行の、心情の相違が分かる。前者は名声にきゅうきゅうとし、噂を栄光ととりちがえていたが、後者は教養ある紳士、数ある仕事のなかでも最も下劣な仕事を、つまり王としての仕事を不承不承にやっていたのである。こんな治世は、当分どこにも見られまい。」

だが、寛容なるものがよしんば願わしいものであり、生きる労苦が寛容によってのみ正当化されるにしても、またそれが逆に衰弱の、解体の徴候であることも事実なのだが、神父はこの事実を理解していなかったように思われる。この惨憺たる明白な事実は、百科全書派という、あの幻影を追い求めていた人々と親しくつきあっていた人間には認められるはずもなかったのであり、はるかに幻影から覚めた、最近の時代になって顕著なものとならざるをえなかったのである……現在、私たちの知るように、当時の社会が寛容だったのは、迫害に、したがって自己保存に必要な力を社会が欠いていたからである。ミシュレはルイ十五世について、「彼の魂のなかにあったのは無であった」と語っているが、同じことは、当然のことながらルイ十六世についてもいえたであろう。驚嘆すべきものであると同時に有罪を宣告された一時代、以上がこの時代についての説明である。社会の風紀の寛大さの秘密は、生命にかかわる秘密なのだ。

フランス革命を惹起したのは、一切のものから、おのれ自身の特権からさえ覚めてしまった一階級の悪弊であった。すなわち、おのれ自身の特権には、ただ漫然としがみついているだけで、どんな情熱も執念も抱いてはいなかったのに、一方では、やがておのれをうち滅ぼすことになる者たちの掲げる思想に、わざとらしい偏愛を寄せていたのである。敵対者に対する媚は、衰弱の、つまりは寛容のまぎれもない徴候であり、してみると結局のところ、寛容とは瀕死の人間の媚態にすぎないのだ。

★

デュ・デファン侯爵夫人はド・ショワズール公爵夫人に宛てて次のように書いている。「貴女はたくさんの経験を積んでいらっしゃいますが、ひとつだけ欠けているものがあります。でもそんな経験はなさらない方がよいと思います。それは感情喪失の経験、それなしでは済まされないという苦しみを伴った、感情喪失の経験です。」

わざとらしさの絶頂にまで登りつめた時代は、なによりもその時代に欠けていた状態、つまり素朴さに憧憬を抱いていた。と同時に、素朴な感情、まことの感情は、粗野な人間の、馬鹿か間抜けどもの抱くべきものと考えられていたのであり、こういう人間は、たんなる素朴さに、〈愚行〉にはまり込むそなえのない精神には、とても理解できない者たちなのである。知性は、いったんそれが主権をもつものとなるや、その主権の行使に無縁の、あらゆる価値に反抗し、私たちがしがみつくことのできるどんな実在の見せかけをも提供しない。デュ・デファン夫人の手紙が証明しているように、信仰から、あるいは偏愛から知性に固執する者が〈感情の喪失〉にいたり、与えてくれるものとてはただ空虚だけにすぎぬ偶像に、わが身を捧げたことを後悔するにいたるのは不可避なことなのだ。デュ・デファン夫人の手紙は、明晰性の災厄を、意識の激化を、一切のものから切り離され、自然であることをやめた人間の行きついた、おびただしい問いと当惑とを語っているまたとない記録である。不幸なことに、私たち人間はいったん明晰な意識をもつようになるや、つねによりいっそう明晰になる。もうごまかしも後退もならないのだ。そしてこの進展は、生命力と本能の犠牲の上になされるのである。侯爵夫人はみずからを語って、「ロマンスもなければ欲望もない」といっている。摂政オルレアン公との彼女の関係が二週間以上にわたらなかった理由も分かる。彼らはともに似た者同士だったのであり、自分自身の感覚に危険なほどにも無関係だったのである。彼らがともに抱いていた、倦怠という苦しみは、精神と感覚のあいだに開いている深淵のなかで花と開いたのではなかろうか。もう自然に発露する動きもなければ、無意識の状態もない。この被害をまずもって被るのは〈愛〉だ。シャンフォールが愛に与えた定義は、まさに〈気まぐれ〉と〈表皮〉の時代に、たとえばリヴァロルのような人間が、ある種の痙攣の最中に幾何の問題を解くことができるとうそぶいていた時代にこそ、ふさわしいものであったのである。一切は脳髄的であり、オルガスムとて例外ではなかった。だがさらに由々しき事態は、感覚のこの種の変質が、たんに二、三の例外的人間への影響にとどまらず、アイロニーの常用によって疲労困憊した一階級全体の欠陥と化し、傷と化したことである。

　解放のあらゆる現われがそうであるように、解放のあらゆる影には、例外なく否定的な側面がある。つまり私たちがどんな不可視の束縛からも自由になり、もはや何ものも私たちを内部から拘束することがなく、生命力と無垢の欠如ゆえに私たちが新たに禁忌を作りだすことができないとき、私たちは、性の実行よりはその解釈に精通した、おびただしい虚弱な人間を作りだすことになるだろう。ある種の有益な拘束を厄介払いすれば必ず差し障りがあるように、私たちは危険をおかさずしては意識の高い段階に達することはできない。だが、意識の過剰が意識を増大させるとすれば、これと同じように、しかし逆の意味で有害な自由の過剰は、間違いなく自由を殺す。そうであればこそ、いかなる領域のものであれ解放の運動は、一歩前進に相当するものであると同時に、衰退の発端に相当するものでもあるのだ。

　もはやいかなる人間も身を落してまで使用人にはならないような国家は破滅しているが、これと同じように、私たちは、個人が自己の唯一性への過信のあまり、どんなに〈名誉あるもの〉であれ、下っ端の仕事を望まなくなるような人類の姿を想像してみることができる。〈モンテスキューはその『手帳』に次のように書きとめている。「私たちはもはや一定の目的をもったものには耐えることができない。兵士は戦争に、政府をあずかる人間は政府に耐えることができない。他についても同断だ。」〉だがそれにもかかわらず、人間はその最後の偏見と信念とを木端みじんに粉砕し尽すまで生き続け、生き続けようとするだろう。おのれの大胆さに目はくらみ、茫然自失した人間がやっと最後の覚悟を決めれば、そのとき彼は、まる裸になった自分が、あらゆるドグマ、あらゆる禁忌の消滅のあとに姿を現わした深淵を前にしていることに気づくだろう。

実在のなかに安住したい、あるいはひとつの信条を選びたい——そう願いながらも、それがかなわぬ者は、難なくこれをやってのける者たちを腹いせとばかりにやっきになって愚弄する。アイロニーが生まれるのは、素朴さに対する裏切られた、充たされざる欲望からであり、この欲望は、かずかずの挫折を強いられたために激化し、悪化し、広く一般に広がらざるをえない。そしてアイロニーが好んで宗教に戦いを挑み、宗教の土台を掘り崩そうとするのは、信仰をもちえぬ悲しみをひそかに感じ取っているからなのだ。だが、さらにたちの悪いのは、自己破壊すれすれの、体系と化した、辛辣な、とげとげしい揶揄である。一七二六年、ド・プリ侯爵夫人がノルマンディに追放されたとき、デュ・デファン夫人は話相手として彼女と行をともにした。ルモンティがその『摂政時代の歴史』で語っているところによれば、「この二人の友は、たがいに相手を揶揄した風刺歌謡を、毎朝、交換しあっていたのである。」

中傷が必要不可欠なものであり、そして孤独への恐怖から人々が眠れぬ夜を過していているような社会（「床に就く悲しみを受け容れるくらいなら、彼女はどんなことをもいとわなかった」と、デュクロは社交界の花形夫人のひとりについて語っている）、こういう社会で尊重さるべきものといえば、会話であり、辛辣な言葉であり、一見陽気な、しかも殺意を秘めた毒舌であって、それ以外のものではありえなかった。だれひとりこの毒舌を免れることはなかったから、〈賛美の凋落〉を時代を特徴づける姿として人々が指摘したのも当然のことであった。すべては密接に関連しているのだ。つまり、素朴さが、敬虔な心が存在しなければ、人間を賛美する能力も存在しないし、人間を、そのかりそめの偶有性とはかかわりなく、それ自体において、本来的な、独自な、その現実において考察する能力も存在しない。いかなる屈辱感も無力感も含まぬ内面的跪拝、すなわち賛美とは、純粋な人間たちの、まさしくサロンとは無縁な者たちの特性であり、確信であり、救いである。

★

喧嘩ばやく、軽はずみで嫉妬ぶかく、つねに不平を鳴らしている民族、面白い歴史をもっているのはこういう民族だけだ。フランスの歴史は、面白さにかけてはとび抜けている。事件に、それ以上に事件を解説してみせるもの書きに豊かに恵まれているフランスの歴史は、「回想録」の愛好家にとっては救いの神のようなものである。

フランス人はむら気というかファナティックであって、思いつきか統一的理論《システム》によって判断を下すが、しかし彼らの場合、この統一的理論そのものも一種の思いつきのように見える。フランス人を本来的に定義づける特性は移り気であり、さまざまの体制《レジーム》がつぎつぎに現われることになるのは、この移り気が原因である。そしてフランス人はこれらの体制に、あるいは浮かれた傍観者として、あるいは熱狂した傍観者として立ち会いながらも、自分は熱狂のさなかにあっても決してだまされぬ人間であることをやっきになって示そうとするのだ。彼は、あの〈文学的精神〉の受益者でもあれば犠牲者でもあるのだが、トックヴィルによれば、この精神は「真実なものより気のきいたもの、斬新なもの」を探し求め、「役に立つものよりはみてくれのいいものを愛し、芝居の結果いかんにかかわりなく、役者たちの当を得た演技や台詞まわしにことのほか敏感な態度を示し、理性によるよりはむしろ印象にもとづいて最終的態度を決める」ところにある（『回想記』）。さらにトックヴィルは次のようにつけ加えている、「全体として見れば、フランス人は実にしばしば文学者として政治上の判断を下すのである」。

国家の機能を理解する上で、文学者ほど不向きな人間はいない。文学者がこの点である種の能力を発揮できるのは、革命のときだけだ。なぜなら、ほかでもない革命のときにこそ権力は廃棄されているからであり、そして権力の不在のときにこそ、文学者には一切のものを態度によって、あるいは言葉によって解決しうると想像する自由があるからである。文学者の関心をそそるのは、自由な制度よりはむしろ自由のものまね、芝居がかった所作である。一七八九年の人間が、モンテスキューではなくルソーのような狂人の影響をうけたのも怪しむに足りない。愚にもつかぬ世迷いごとをよう語らぬ確固たる精神の持ち主だったモンテスキューは、牧歌的な、あるいは血を好む演説家どものモデルにはなりうべくもなかったのである。

アングロ＝サクソンの諸国にはさまざまの宗教上のセクトが存在しており、市民はその狂気を、論争とスキャンダルとに対するその要求を存分に充たすことができる。ここに宗教上の多様性と政治上の画一性とが生まれることになる。これに反し、カトリックの諸国では、個人のかかえている熱狂しうる能力は、さまざまの党派と集団の無政府状態のなかでしか発揮されない。異端たらんとする要求は、無政府状態のなかでしか充たされないのだ。政治・宗教の両分野において同時に賢明でありうる秘密をみつけだした国家は、いままでのところどこにも存在しない。よしんばこの秘密がついに知られるようになったとしても、フランス人はこれを利用することなどおよそ考えもしないだろう。タレーランの言葉を信ずるならば、彼らは虚栄心にかられてフランス革命をやってのけたのであり、虚栄心こそは彼らの本性にいかにも深くくい込んでいる欠点であって、彼らの一特性に、いずれにしろ一原動力に化してしまったのであり、この力が彼らに生産し行動することを、なかんずく抜きんでることをそそのかすのだ。ここに精神が、知性の誇示が、なんとしてでも他者を凌駕し、是が非でも最後は勝とうとする焦慮が生まれる。だが虚栄心がさまざまの能力に磨きをかけ、無気力に戦いを挑み、凡庸な考えから私たちを遠ざけるにしても、だれであれ虚栄心にとらわれた者は、不幸にも皮をはがされた人体標本と化してしまうのだ。だからこそフランス人は、かくもふんだんに享受した一切の幸運の尻ぬぐいを、虚栄心の課する苦行によってはたしたのだ。千年のあいだ、歴史は彼らを中心にめぐった。こんな降ってわいた幸運は償われずにはいない。つねに不満で、つねに充たされることのない自尊心の苛立ち、これが彼らのうけた懲罰であったし、今でもそうである。かつて力にみち溢れていたときには、その力の不足を嘆き、今はすでに力のまったくなくなったことを嘆いている。繁栄のなかにありながら不運に見舞われたときにもおとらぬ深手を負い、飽くことを知らぬ、動揺つねなき一国家、あまりに運命に恵まれすぎていたために、謙虚さを、あるいは断念を知ることができず、不可避のものを前にしても、予期せざるものを前にしても節度を保つには向かぬ一国家、以上がかかる国家の演じたドラマである。

歴史以後

歴史の終焉はその発端に書きこまれている——時間に苛まれる人間、すなわち歴史は、時間と同時に人間を定義づけるさまざまの烙印を負っているからである。

時間とは、絶えざる不均衡、絶えず解体し続けてやまぬ存在であり、それ自体ひとつの惨劇だが、歴史はこの惨劇のなかでも最も注目すべき挿話に相当する。けだし、歴史もまたひとつの不均衡でないとしたら、時間そのものの急激かつ徹底的な解体でないとしたら、そこにおいてはもはや何ものの生成もみられぬ生成へ急ぎ赴かんとする行為でないとしたら、つまるところ歴史とは何であろうか。

神学者たちは至当にも現代をキリスト教以後の時代として語っているが、同様にやがて私たちもまた、歴史以後のただなかに生きる幸と不幸とについて語ることになるであろう。にもかかわらず私たちは、凋落にのぞんで最後の達成を——私たちが世代の連続の、明日《あす》のつらなりの掌中を脱し、そして歴史的時間の廃墟の上で、ついにおのれ自身と一体となった存在が、かつての、歴史と化する前の、おのれ自身に立ち戻る、あの達成を贏《か》ちえたいと思うのだ。歴史的時間は、いつ破裂しても不思議はない、極度に張りつめた時間であり、瞬間ごとに、いままさに砕け散ろうとしているかのような印象をうける。おそらくこんな事態は、私たちの期待にたがわず、すぐにも到来することはあるまいが、しかし、その到来は避けうべくもないのだ。そしてこのような事態を迎えてはじめて、歴史以後の受益者、その享受者は、歴史を構成していたものが何であったかを知るであろう。「今後、もはや事件は起こるまい！」と彼らは叫ぶであろう。かくして、宇宙の展開のなかでも最も好奇心をそそる一章は閉ざされるであろう。

　もちろん、こんな叫び声を想像してみることができるのも、災厄が不完全なものであるからにすぎない。それが完璧なものであれば、根底的な単純化が、未来の事実上の除去がもたらされるであろう。だが、完全無欠な破局などというものは、まず考えられない。破局が不完全なものであれば、断念が避けがたいにしても、大異変の到来にしびれを切らし、熱狂している熱愛者たちは安堵せずにはいないはずである。ノアの大洪水を間近に見ることはだれにでもできたことではなかった。大洪水を予感しながら、実際にそれに立ち会うまで生きながらえることのできなかった者たちの気持も分かるというものである。

★

　欠陥動物の膨張を阻止すべく、今や自然の大災害に優にとってかわりうる人工の大災害の緊急性がいよいよ強く感得されつつあり、程度の差はあれ、あらゆる人々の心をそそっている。「終末」はもう揺るがしようのないものだ。街に出て、人間の顔を眺め、言葉を交わし、動物じみた、どうということもない唸り声を耳にすれば、私たちは「終末」の時の近いことを思わざるをえない。よしんば、その時を告げる鐘が百年後、あるいは千年後にしか鳴らないにしてもだ。あたりを領する大団円の気配に、どんなに些細な所作も、どんなに凡庸な見世物も、どんなに馬鹿げた事件も、一段と際立って見える。そして「不可避なもの」に気づかぬためには「不可避なもの」に逆らわねばならないのである。

★

歴史がほぼ正常の経過をたどっているかぎり、あらゆる事件は生成の気まぐれ、生成の無節操のように見える。いったん歴史がリズムを変えれば、どんな些細なきっかけもたちまちひとつの前兆の様相をおびる。このとき生起する一切のものは、徴候を、警告を意味し、結末のさし迫っていることを意味する。無感不動の時代においては（いいかえれば絶対的なものにおいては）、反復し、増大する現在のあらわれともいうべき事件は、それ自体のうちに意味をもち、時間のなかで展開するものとは思われない。これに反し、生成が有害な更新の同義語であるような時代においては、あらゆるものが未聞なるものへの歩みを、『相応部』(1)のそれにも似たヴィジョンを喚起するのである。すなわち「全世界は火となって燃え、全世界は煙の雲に覆われ、全世界は焼き尽され、全世界は震えている。」――冷酷な怪物、魔羅は生誕と死の車輪をその歯にくわえ、爪に握っている。そして、あるチベットの像に見られるその眼差しは、自然にあってはそれと気づかれず、人間にあってはおぼろなかたちとなり、神々にあって明白なかたちとなってあらわれる、あの欲望を、あの悪の探究をみごとに映しだしている――それは飽くことを知らぬ探究であり、すぐれて有害なものであるそのあらわれは、私たちにとってはいまだに固有の熱愛を伴った、あの事件の無限の連続なのである。私たちが転生の悪夢を看破できるのは、ただ歴史の悪夢をもってしてだけだ。ただしこれにはひとつの保留条件がつく。仏教徒にとって、生存から生存への遍歴は恐怖であって、彼はこの恐怖からの解放を願っている。彼がこれに全力を尽すのも、再び生まれ変り、そして再び死ぬという不運をしんそこ恐れているからであり、こんな不運をこっそり賞味しようなどとは一瞬たりとも思いはしまい。彼には不幸との黙契もなければ、自分を外部から、なかんずく内部からねらっている危険との黙契もないのである。

これに反し、仏教徒でない私たちは、私たちを脅かすものと妥協し、破門された人々を手厚くもてなし、私たちを粉砕するものを渇望し、私たち自身の悪夢を無益に手放すような真似はしないだろう。なにしろ私たちはこの悪夢に、私たちが経験した幻影の数だけの大文字を割りあてたのだから。これらの幻影は、大文字と同じように信用を失墜したが、それでも悪夢は、斬首され、裸にされながらもいぜんとして存在しているのだ。そして私たちは悪夢を愛し続けているが、その悪夢がまさしく私たちのものであり、何をもってそれに替えるべきか分からないからである。それはさながら、ニルヴァーナの希求者が、その無益な追求に疲れはてて、そこから遠ざかり、私たちがおのれ自身の失墜の共犯者であったように、彼もまたみずからの失墜の共犯者として輪廻のなかにはまり込み、転げ廻っているかのようである。

★

人間が歴史を作り、そして歴史が人間を解体する。人間は歴史の作者であるとともにその対象、その手先であるとともに犠牲者である。これまで人間は歴史を支配していると信じていたが、いまや歴史は人間の掌中にはなく、解きがたきもの、また耐えがたきものとして花開いていることを人間は知っている。すなわち歴史とは、一連の狂気じみた英雄的行為であって、この行為の結末には、合目的性の観念は何ひとつ含まれてはいないのである。どうして歴史に目的を与えることなどできようか。たとえ歴史に目的があるにしても、歴史がいったんその限界に達したときでなければ、目的を達成することはあるまい。歴史からなんらかの利益を引きだすことができるのは、人類の最後の子孫、生き残り、残骸どもだけであり、彼らだけが、過去が経験したはかり知れぬ厖大な努力と苦悩からまんまと甘い汁をせしめ、それを満喫するだろう。これはいかにも異様な、いかにも不当な光景ではないか。歴史には意味があるはずだとどうあっても主張したいなら、他のどこでもない、歴史にかけられた呪いのなかにその意味を探ってみようではないか。ひとりの個人といえども、この呪いを共有していないかぎり、意味をもつことはできまい。歴史の運命をつかさどっているのは悪魔だ。歴史に目的のないのは明白だが、しかし歴史は目的にかかわる宿命を課せられており、そしてこれが生成に必然性のまやかしを与えているのである。私たちが歴史の論理という言葉を、いやそればかりか摂理という言葉を——なるほどきわめてうさんくさいものだが、特別の摂理という言葉を――使ってもの笑いにならずに済むのは、ただひとえにこの宿命が存在するからなのだ。もっとも、この摂理の意図は、私たちには有益なものといわれているもうひとつの摂理の意図よりはるかにはかりがたい。なぜならば、この摂理は、それがその歩みを決定する諸文明をして絶えずその本来の方向から逸脱せしめ、ついには目的とは反対のところに、失墜に導くからであり、その執拗なさまといい、そのやり方といい、はかりがたい、皮肉な力の陰謀をはっきりさらけだして見せているからである。

★

歴史はその発端にしか存在しないと考える者がいるが、彼らは、歴史というものがひとつの例外的な、当然その場かぎりの現象であり、一個の贅沢、ひとつの幕間狂言、一種の錯迷であることを忘れている……人間は歴史を生み出し、そこにおのれの実質を投ずることによって、おのれの力を浪費し、弱体化し、衰弱した。おのれの根源から逃れながらも、人間はいぜんとしてその近くにとどまっていたが、そのかぎり、人間は危険なしに生きながらえることはできなかった。その根源から逸脱し、そこから遠ざかりはじめると同時に、人間は、たかだか数千年という短期間たらざるをえぬ活動の舞台に入った……人間の手になる作品たる歴史は、人間から自立したものと化し、人間を疲弊させ、人間をむさぼり喰らい、人間を粉砕せずばやむまい。そして人間は歴史とともに死ぬであろうが、これこそは最期の潰滅であり、叛逆心の誘惑の生みだした、かくもおびただしい簒奪と狂気とに対する当然の懲罰である。プロメテウスの企図は永遠に危険にさらされている。人間は、かけがえのない唯一の掟である不文の掟のことごとくをおかし、おのれに課せられた限界を破り、あまりになり上がりすぎたがために、神々の嫉妬を呼びさまさずにはおかなかったが、いまや人間を打ちのめすべく意を決した神々が曲り角で人間を待ちかまえているのである。歴史の過程の完遂は、だらだらと長びくものか、それとも電光石火のごときものか、いずれとも決しがたいにしても、もはや免れがたいものだ。人類がそのかずかずの勲《いさおし》にもかかわらず、というかむしろそれゆえにこそ、坂道を転げ落ちつつあることは、あらゆる徴候からみて明らかである。あるひとつの文明にとって、絶頂期を画することは比較的容易なことだとしても、歴史の過程を全体として見ればそうはいかない。歴史の過程の頂点とは何であったのか。それはどこに存在したのか。ギリシアの、インドの、中国の、最初の数世紀にあったのか。それとも西欧の一時期にあったのか。個人的にすぎる偏愛を引き合いにださずには決しかねることである。いずれにしろ明らかなのは、人間が最善を尽したということであり、よしんば私たちが他の文明の出現に立ち会わねばならぬとしても、それらの文明は、私たちすべての者にとって一種の義務、一種のプログラムと化してしまった終末の感染を避けえぬという事実はおくにしても、古代の、いや現代の文明にさえおそらく値しないであろうということだ。有史以前から現代まで、そして現代から歴史以後におけるまで、これが巨大な失敗にいたる道行きというものであり、この失敗は、絶頂の時代をも含むあらゆる時代がととのえ、かつ予告していたものである。夢想家《ユートピスト》どものデッチあげる王国は、まさに生成の掌中にないものとみなされているが、これをもってしても、彼らでさえ生成を失敗と同一視しているのだ。つまり彼らのヴィジョンは、時間のなかにおけるもうひとつの時間のヴィジョンであり、……時間性に損なわれぬ、時間性を越えた、汲み尽しがたい失敗のようなものなのである。だがアーリマンを守護聖人とする歴史は、こんな世迷いごとなど歯牙にもかけはしない。それによしんば出来損ないのものであれ、楽園の可能性など考えるだに嫌悪を覚えるものなのだ。——とすれば、ユートピアには、その対象も存在理由もないということである。私たちが歴史をその本質において理解しようとするや、たちまちこの楽園という観念につきあたることは示唆的である。それというのも、歴史の創意《オリジナリティ》なるものを把握しようとすれば、その対極をなすものに頼らざるをえないからであり、歴史とは徐々に遂行される否定のように、最初の状態からの、型にはまったものでもあれば魅惑的なものでもある原初の奇跡からの、つまりノスタルジーを主成分とするいかさま物（kitsch）からの、徐々に進む疎遠のように見えるからである。……この、終末に向かっての進展が達成されたとき、歴史はその〈目的〉に達するであろう。すなわち、歴史のなかにはその出発点を想起させるものはもはや何ひとつなく、出発点がひとつの寓話にしかすぎないことなど問題にもならないのである。楽園とは、せいぜい過去に想定可能なものであって、決して未来に想定可能なものではない。にもかかわらず、それが歴史以前に位置づけられていたという事実は、歴史の上に酸鼻な光を投げかける。そんなわけで私たちは、歴史は脅威の状態に、純粋な可能性の状態にとどまっていた方がはるかにましではなかったかどうか問わざるをえないのだ。

★

緊急に探るべきは、たんなる恐怖の対象にすぎぬ〈未来〉ではなく、むしろ〈未来〉の後にやって来るもの、つまり終焉である。人間の企図と同じ外延をもつ歴史的時間が終れば、すなわち国家や帝国の行列もまた消え去るであろう。疲弊の極に達した人間が歴史の重荷を解かれ、ひとたびその独自性を棄て去れば、彼のもてるものとしては、もはや空虚な意識にすぎず、その意識を充たしうるものは何もあるまい。つまりは幻滅した穴居人、一切のものから覚めた穴居人だ。彼は、はるか昔の祖先たちと和解するだろうか。歴史以後は、歴史以前の悪化型態となって現われるであろうか。そして大破局によって洞穴に連れ戻された、この生き残りの人間の特徴をどのように特定したものだろうか。歴史以後と歴史以前、この二つの極、両極を分かつこの隔たり、ここでひとつの遺産が用意周到に作りあげられてきたのだが、この遺産を拒否したからには、これらの極を、これらの隔たりを前にして、彼はどのような挙に出るであろうか。一切の価値から、この間に行なわれてきた一切の虚構から解放された以上、おのが衰滅を意識しつつ新しい虚構をデッチあげることはできまいし、またその意欲とてあるまい。かくして、かつて諸文明の継起を統御していた働きも終るのである。

★

かくもおびただしい征服を成し遂げ、ありとあらゆる成果を贏《か》ちえたあげく、人間は今や流行遅れになりはじめた。人間がいまだになにがしかの関心に値するのは、人間が追いつめられ、窮地に立たされ、そしてその窮地にますます深くはまり込んでいる、そのかぎりでのことだ。人間が存在し続けているのは、降伏する気力もなければ、前方への脱走（歴史とはまさにこれ以外の何ものでもない）を停止する力もないからであり、凋落の自動運動を手に入れてしまったからである。人間の内部で何が崩壊したのか正確なところは決して分かるまいが、しかしそこに裂目のあることは間違いない。あるいはそれは出発以来あったのだといえるかも知れない。そうかも知れぬ。だが、それはわずかに痕跡のうかがえる裂目にすぎず、いまだに力に満ちあふれていた人間には甘んじて受け容れることのできるものであって、あの大きく開いた裂目、永きにわたる自己破壊作業の結果もたらされた裂目ではなかった。この自己破壊こそは、秩序転覆をこととする動物の特技ともいうべきものであり、この動物は、かくも永いあいだ一切のものの土台を掘り崩し、ついにはおのれ自身の土台をも掘り崩さねばならぬ破目に立ちいたったのである。おのが根拠の破壊（これこそ、心理学のそれであれ他のなんであれ、あらゆる分析の最終的帰結である）、おのが〈自我〉の、主体としてのおのが身分の破壊、おのれ自身に向けられた打撃を隠蔽する、その反逆。確かなことは、人間がその最深部に深手を負い、根本から腐っているということだ。

しかも私たちがみずからを人間と感ずることができるのは、ただひとえにこの本質的腐敗を、これまで部分的に覆い隠されていたが、人間がみずからの秘密を探り、それを粉砕してしまってからというもの、ますます明白になりつつある腐敗を、自覚したときだけなのだ。人間は自分自身に透けて見えるようになってしまえば、もはや何ごとを企図することも、〈創造する〉こともできまい。これこそ盲目性を欠くがゆえの、素朴さを根絶やしにしてしまったがための枯渇というものだろう。最小限度のういういしさと意識の曇り《オブニュビラシオン》、こういうものを必要とする仕事をとことんやり抜くだけの活力を、人間はいまさらどこに見出すことができようか。人間がみずからに幻想を抱くことがときにはあるかも知れないが、人間の行なう冒険にはまったく幻想を抱いてはいない。人間は今はじまったばかりだというのか。馬鹿も休み休みにしてもらいたい！　実際はほとんど超自然の残骸として、極限状態に向かいつつあるのであり、つまりは知恵に蝕まれた賢者なのだ。……人間は腐っている。そうだ、壊疽にかかっているのであり、例外などただのひとりもいない。私たちは類例のない混乱に向かって群をなして進みつつあり、身もだえする低能、錯乱したデクの坊のように、おたがいどうし反目し合っている。というのも、私たちすべての者にとって一切が不可能なものに、呼吸困難なものに化してしまった以上、あらゆるものを厄介払いし、みずからを厄介払いするためでなければ、もはやだれひとり生きようなどとはしないからだ。私たちが今もって示しうるただひとつの情熱は、終焉に対する熱狂である。私たちが役割を演じ終り、舞台を見捨て結末をのんびりと反芻できるようになれば、やがて停滞の至高のかたちがやって来よう。

★

周知の言葉によれば、現在、私たちが体験しつつあることはやがていつの日にか歴史になるという考えがあるが、歴史に嫌悪感を抱かしめるのは、こういう考えである。……私たちは生起するもの、出来するものなど無視してしかるべきはずなのに、そうすることができないのは、ある種の障害の存在する証拠である。だがもし蔑視をもってわが身を鎧うならば、何ものにまれ生命《いのち》を吹き込み、生かすことなどどうしてできようか。客観性の仮面をつけた、皮をはがされた人体標本、これが真《まこと》の歴史家だが、彼が苦悩し、努めて苦悩しようとしていればこそ、彼の語る物語、あるいはその文章のはしばしにもまぎれもなく彼が存在しているのだ。タキトゥスは、彼の描いたあのさまざまの惨禍を高みから傍観していたのではない。それどころかそれに耽溺したのだ。そして彼がこれらの惨禍をことさら美化してみせたのは、告発者とはいえ惨禍に魅せられていたからである。異常事に飽かぬ関心を抱いていたから、不正や犯罪がすくなくなれば、彼はたちまち退屈する。後世のサン＝シモンのように、彼は憤怒の快楽を、激怒の楽しみを知っていたのである。ヒュームは彼を古代文明の最も深遠な精神とみなしていたが――彼のもっていた被虐趣味の質において、最も生き生きした精神、私たちに最も近い精神ともいえるだろう。この被虐趣味こそ、ゴシップにしろ最後の審判にしろ、およそあらゆる人間事象に関心のある者にとっては不可欠の悪癖でもあれば、また天与の才でもあるのである。

★

どんな些細な事件でもよいから、これを仔細に検討していただきたい。事件にかかわりのある肯定的要素と否定的要素とは、最良の場合には釣り合っているが、普通は否定的要素の方が優勢である。とはすなわち、こんな事件は起こらぬにこしたことはなかったということだし、またそうであれば、私たちはこんな事件にかかわらずとも、巻添えをくらわずとも済むのだ。存在しているものに、あるいは存在しているように見えるものに、なんであれ何かをつけ加えたところでなんになろうか。歴史、この無益な冒険旅行には理由がない。そして私たちは、芸術を生みだす要求がどんなに余儀ないものであるかを知りつつも、ときには芸術そのものをも告発したい気持にかられるのである。創造することは、二義的な、どうということもないものなのだ。肝心なことは、おのれ自身の源泉を汲むことであり、どんな表現形式を前にしても矜持を捨てず、完全におのれ自身であることだ。大聖堂の建立は、誤りとしては、大戦端を開いたのと同じことだ。挫折を求めて数千年を歩み通そうとするよりは、深部で生きようとする試みの方がはるかにましなことだったのである。

どう考えてみたところで、歴史による救済は存在しない。私たち人間の根本的次元<ruby>元<rt>ディマンション</rt></ruby>では決してないな、歴史は、さまざまの外観の開花にしかすぎない。私たちの外的閲歴がひとたび廃棄されたならば、私たちはおのれ自身の本質を再び見出すことがあるだろうか。まったく空虚な存在である歴史以後の人間は、おのれの内部にある非時間的なものに、いいかえれば、歴史が私たちの内部に圧殺したすべてのものに、再び相まみえることができるであろうか。歴史によって汚染されなかった瞬間、大切なのはこういう瞬間だけだ。この種の瞬間におのれを開いている人間、おたがいどうし理解しあい、真に心を通い合わせることができるのは、こういう人間だけだ。形而上学的問いにとりつかれた時代は、絶頂に達した瞬間であり、過去の真の頂点である。把握しがたきものに近づきうるのは、ただ内的勲だけであり、それのみが、たとえ一瞬のあいだにすぎぬにしても、そこに達しうる。そしてこの一瞬は、爾余のすべての瞬間よりも、時間そのものよりも重いのである。

「一七六四年十月十五日、ローマはカピトールの廃墟のただなかに座り、私はとりとめない夢想にふけっていた。ユピテルの神殿では、はだしの修道士たちが晩課を唱えていたが、この都市の凋落と崩壊の歴史を書こうという想いに私がはじめて捉えられたのはこのときだった。」

諸帝国の終焉は、崩壊か、破局か、さもなくば両者の結びつきによってもたらされる。いまや人類一般が、これと同じ選択の前に立たされている。ひとつの周期の終りにではなく、すべてのものの終りに、いまだになお歴史家が存在しているとして、すぐる人類について想いを凝らしている未来のギボンを試みに想像してみよう。聖なる無為に没頭している人間たち、名状しがたい破損過程の果てに姿を現わし、自己肯定の偏執から、痕跡を残し、現世におのれのたどって来た道程の跡をとどめんとする偏執から、永遠に手を切った人間たち——未来のギボンをとり囲んでいるのは彼らだけであろうが、このとき、彼は私たちの過剰を、私たちのダイナミズムの源泉である悪魔じみた無拘束性を、どんなふうに描きだそうとするであろうか。世界についてひとつの静的なヴィジョンを作りあげ、そのヴィジョンに従い、そして行為という観念からもその妄執からもおのれを解放すること、これが私たちの手にあまるものであることを彼は理解するだろうか。私たちを破滅させるもの、いや、すでに破滅させてしまったものは、どんなものであれ運命に対する渇望である。だが歴史的生成の鍵ともいうべきこの欠陥は、私たちを破壊し、無と化したとしても、同時にそれは、私たちに崩壊への嗜好を、一切の事件を凌駕する事件への、一切の恐怖を凌駕する恐怖への欲望を与えることで、私たちを救いもしよう。破局は唯一の解決であるが、破局の後には歴史以後が続きうるという仮定に立てば、歴史以後が唯一の解決策であり、唯一の幸運である。今や人類は、一切の野望を、消滅という野望すら失いかねない断末魔の世紀にその身をさらしながら、期待のうちにおのれをすりへらし、気力を失いつつあるが、これが人類の現状であるからには、人類はいま即刻にも消え失せた方が身のためではあるまいか、と思うのも至極当然のことなのだ。

最悪事の緊急性

歴史は消滅し、そして歴史とともに、歴史樹立の犠牲となってきた存在もまた消滅するであろう――これはあらゆるものの予告しているところだ。存在はおのれの内部に休らっていたが、その存在を歴史は外に引きずりだし、歴史のさまざまの痙攣に組み込んだ。してみると歴史とは、存在の崩壊が、その堕落がとどまるところを知らなかった戦場のようなものである。歴史がその限界に近づきつつある現在、その発端から歴史の上に及ばざるをえなかったこの惨劇が、どうして歴史に深い烙印を刻まぬはずがあろうか。そして私たちが最後の行為に対する熱狂――白状すれば、これはさほど私たちの気に入らぬものではない――の証人であるからには、その私たちに、この惨劇がどうして痕跡をとどめないことがあろうか。この点で私たちは、最悪事の熱狂的愛好者であった初期のキリスト教徒たちに似ている。当時、最悪事の御託宣が文書という文書に山と盛られていたにもかかわらず、彼らの期待は手ひどく裏切られ、最悪事はついに到来しなかった。これらの御託宣が、あたかも神を急き立て、神の行動を強いるためでもあるかのように、その数を重ねてゆくにつれて、神はいっそう小心翼々となり、不決断と一日延ばしの悪癖にはまりこんでいった。混乱に陥ったまま、信者たちは明白な事実を認めざるをえなかった。新たなる救世主の到来はなく、キリストの再臨は繰り延べとなり、見はるかす地平のどこにも救済も劫罰もなかったのである。このような条件であってみれば、彼らとしては、断念と希望とに引き裂かれつつ、よりよき時を、終末の時を待つ以外になすべきことがあったであろうか。私たちは彼らより恵まれている。私たちはみずからの結末を掌握しており、それは私たちの手の届くところにある。そしてその到来を早めるために、私たちは天上の助力を仰ぐ必要など毛頭ないのだ。私たちがいかに不器用でも、これほどの望外の好機からなんの利益も引きだせないとは考えられない。どうしてこんな結構な事態に立ちいたったのか。ご安泰な数世紀を経たあとで、いま私たちが、嘲笑をもってしなければ耐えられぬ現実のとば口にさしかかっているというのは、いったいどんな過程を経て来たからなのか。ルネッサンス以来というもの、人類はその進歩の最終的意味を、進歩に明白に看て取れる有害な原理を、ただひたすら回避してきただけだった。とりわけ「啓蒙」時代は、この精神鈍麻のもくろみにすくなからぬ寄与をはたさねばならなかった。次の世紀には「未来」崇拝が生まれ、前世紀のさまざまの幻想を追認することになった。現代のように覚めた時代においても、「未来」崇拝は、そんなものを今さら信じている人間はすくないとはいえ、それでも性懲りもなく約束ごとを並べ立てているのである。くだんの崇拝が底をついたわけではない。私たちは——用心から、恐怖から——余儀なくそれを内輪に見積り、軽蔑しているだけなのだ。それというのも、私たちはいまやこの崇拝が耐えがたきものと両立可能であり、あるいはすくなくとも、それが幸運と恐怖とを同じように容易に惹き起すものであることを知っているからだ。あらゆる理論、あらゆる発見が例外なく私たちの破滅にさらに一段と手を貸している以上、〈見識豊かな〉連中、「可能事」の偏執狂どもと私たちとのあいだになお共通のものがあるだろうか。かつてニュートンの同時代者たちは、ニュートンともあろう人物が、体面をもかえりみず聖ヨハネの幻視に注解を加えているのを知って一驚した。私たちにはまるで逆で、注解を加えないことこそ理解に苦しむところであり、そういう作業を嫌がる学者は、私たちの軽蔑を買うであろう。それに学者には、非難攻撃にさらされた啓示にこだわる必要など毛頭ない。彼は彼なりの流儀でこれらの啓示を生きており、その新版を準備しつつある。虚飾も詩情も剝ぎとられた新版だから、旧版よりはずっと説得力があり、はるかに有効でもあることだろう。この新版の作成に努め、完成に精をだすうち、新しい啓示の輪郭がきわめて鮮明に見分けられ、ついには人に語って聞かせるのが空恐ろしくなるに違いない。時の終りは、彼にはまるで常套句のようなものだから、それがありうべきものであること自体は奇異でもなんでもなく、一向にそれが到来しないことこそ彼には奇怪事と映るだろう。彼は終末の完成に、その出現の促進に全力を尽す。終末が到来をためらい、妙にぐずぐずしているからといって、彼にどんな罪を着せることができようか。こうした学者におとらず、私たちもまた焦慮している。そして終末が到来し、この息苦しい好奇心から私たちを解放してくれるようにと願っている。私たちはそのときの気分次第で、終末の日付を早めたり遅らせたりする。そして一方で私たちは、呼吸不可能なものとの関連で呼吸し、抑圧的なもののなかで寛げる者であるゆえに、私たちの全思考――それがどんなに光り輝くものであれ――によって、すでに夜の性質を帯びているのであって、私たちの全思考もやがてこの夜のなかへ呑みこまれてゆくだろう。

こうしてみずから積み重ねてきた、厖大な恐怖にもうこれ以上耐えきれずに、私たちがその圧倒的な重みに屈服してしまう日は、おそらく遠くはあるまい。そのとき、天からの壊滅の火は、私たちの火であるだろう。私たちはその火を避けるべく、私たちが歪め、強奪した世界からできるだけ遠くへ、地の深みへと急ぐであろう。私たちは死者たちの下にとどまり、そして彼らの憩いを、その至福を、永遠の休らぎに入った、その無憂の頭蓋を、血の専横と肉の強迫とからやっと解放された、あの物静かな、つつましい骸骨たちを嫉ましく思うだろう。暗黒のなかで群をなしつつ、すくなくとも私たちは、おたがいどうしつらつき合わさずにすむ満足感を、自分の貌を失う幸福感を知ることだろう。同じ憂悶、同じ危険にさらされて、私たちはいずれも相似た者になるだろう。それでも、かつてなかったほどにも、おたがい無縁な存在と化しているだろう。

おのが運命の回避に血道をあげてみたところでなんになろうか。終末の代用品を探すのなど断念しろといっているわけではない。ただ、代用品とはいえ、ともかく本物らしく見えねばなるまいし、多少の実現のチャンスのあるものでなければなるまい。人間が現にある通りのものである以上、静かに磨耗しながら、老衰の恩沢に浴しながら消えてゆくなどというのは、人間にはとても許さるべくもないことだ。おそらく、人間はすぐる諸世紀の重荷だけでも、背骨の曲るほどなのに違いない。だが人間が、その重荷を最期まで、力つきるまで担ってゆくとは思われない。それどころか、人間の生きるリズムと、常軌逸脱へと向かうその傾向とを考えてみただけでも、人間にはボケという贅沢は禁じられていると推量すべき材料は出揃っている。おのが才能にのぼせあがった人間は、自然を愚弄し、自然の沈滞を覆し、そこに、自然にとってはまさしく耐えがたいものと化する、下品なものであれば悲劇的なものでもある混沌を作りだした。人間などさっさと消えてなくなれ、というのが自然の抱いている願いだが、人間にしてもその気になりさえすれば、すぐにでもこの願いをかなえてやることもできよう。そうなれば、その微笑までが秩序を攪乱せずにはおかぬこの謀叛の徒を、仕方なしに庇護してやっているこの反－生物を、自然の秘密をかすめ取っては自然を奴隷化し、侮辱しているこの簒奪者を、自然はきれいさっぱり厄介払いすることになるだろう。だが人間そのものもみずから犯した大罪によって、奴隷の身に、恥ずべき状態に転落しなければならなかった。その知識と行為とによって、被造物に宛てられていた限界を踏み越え、みずからの存在の源泉そのものを、おのが本来的な根拠を侵害してしまった。人間のなし遂げた征服は、生命と人間自身に対する裏切者のしわざである。ここに人間に固有の、あの犯罪者めいた態度が、不安なそぶりが、悔恨が生まれたのであり、そしてこの悔恨を、人間は傲慢と空騒ぎとで覆い隠そうとするのだ。人間が騒音中毒に罹っているのは、自分を回避するためであり、すこしでも自分を省みれば必ず聞こえてくるはずの論告をはぐらかすためなのだ。かつて世界は、聖なる昏睡状態のうちに休らい、玄妙な、聴きとりがたい呻吟の声に包まれていた。この世界を、人間は、追いつめられた怪獣さながらの怒号と狂態でゆさぶり覚し、世界をまるで見違えるものにしてしまい、その平和を永遠に危険にさらしてしまったのである。沈黙の消失は、終末を告知する徴候のひとつに数えらるべきである。今日、大いなるバビロンが壊滅して当然と思われるのは、もはやその淫蕩のせいでも、放蕩のせいでもない。その喧騒と空騒ぎのせいであり、スクラップの立てる音の、飽くことを知らぬ騒音狂どものせいなのだ。大いなるバビロンは、現代の殉教者ともいうべき孤独者に対して烈しい憎悪を抱いており、彼らを追い立て、苦しめ、毎分毎秒、彼らの瞑想を断ち切り、さながら音を出すヴィールスのごとく彼らの思考の内部に侵入しては、これを蝕み崩壊させる。そうだとすれば、孤独者たちが激怒のあまり、大いなるバビロンの遅滞なき没落をその目で確かめたいと願うのも無理からぬことではないか。この新しき娼婦は空間を汚染し、生きものと風景とを穢し、無垢と内省とをいたるところから狩り立てる。どこに行けばいいのか、どこを住み家とすべきなのか。そして大いなるバビロンと化した一惑星の馬鹿騒ぎのなかに、なお求めるべきものがあるのか。この星が木端みじんとなって飛散する前に、ここにあって最も深く苦しんだ者たち、この星に責め苛まれた者たちは、ついに報復の機会を得ることになろう。すなわち、彼らこそは大団円を祝うただひとりの者、あの騒音の中断を、大いなる破局に先立つ、あの短い、決定的な沈黙を味わい尽すただひとりの者となるであろう。

人間は力を得るにつれて、いっそう傷つきやすくなる。人間がおそらくなにによりも深く恐れているのは、世界が完全に扼殺されて、人間が勝利の祝典を張るその瞬間である。これは宿命の大祭典、勝利であるが、人間はこの勝利の後までは生き残ることはあるまい。おそらく人間は、その一切の野望を実現する寸前に姿を消すであろう。これが一番ありそうな図柄である。人間はすでに十分に強大であり、なぜこの上、強大になりたいと願うのか、知れたものではない。これほど飽くことを知らぬ貪欲さの裏に透けて見えるのは、救いようもない悲惨、手ひどい失寵である。植物も動物も、人間が破滅の徴をもっているように、彼ら自身のうちに救済の徴をもっている。これは私たち各人にとってそれぞれに真であり、また「癒しがたきもの」の閃光に目はくらみ、地に打ちのめされた人間という「種」全体にとっての真でもある。この「種」は諸国家というかたちを通して生き続けるが、諸国家は、「種」同様、生成のたんなる自動運動からしても隷属を運命づけられている。あらゆる国家は、実は歴史が大規模な専制の樹立をめざし、諸大陸をうって一丸とした大帝国の樹立をめざしつつ借用する、その数だけの迂回路にすぎないのである。もはや国境もなければ、他の場所もない……したがって、もはや自由もなければ幻想もない。人間という人間が、いや神々にしてからがローマ帝国の恣意に屈服しなければならなかった時期に、「終末の書」が抱懐されたことは示唆的である。恣意がテロルにまで退化してしまったとき、被圧制者たちには、宇宙規模の大変動によっていつの日かローマから解放されるという望みしか残されていなかった。そして彼らはこの大変動の様相を、いやその細部にいたるまでも脳裡に描きはじめたのである。今後きたるべき大帝国の場合も、失格者たちは同じ手段に出るだろう。意図的に不吉な、幻視の文学様式《ジャンル》が他のすべての様式にとってかわるだろう。だが、初期のキリスト教徒たちとは違って、彼らは新しきネロを憎悪したりはするまい。あるいはむしろネロのうちなるおのれ自身を憎むというべきか。彼らはだれひとりとして、選ばれた人間の座につくほど恥知らずではなかろうから、ネロを唾棄すべき理想像、堕地獄の筆頭者ごとき者とみなすであろう。

新しき天も新しき地もなく、〈地獄〉を開ける天使ももはやいない。(1) だが考えてみれば、地獄を開けるべき鍵は、私たち自身がもっているのではなかったか。地獄は私たちの内部に、そして外部にあり、昨日の予感であるとともに、今日の問いであり、明日の確信である。来たるべき大帝国の樹立は、その崩壊と同じように、過去に一切その類例を見ぬ大激変のさなかに実現されるであろう。私たちのたどり着いたこの段階では、よしんば私たちが熱望したところで行状を改めることなど不可能だし、どんなに知恵をふりしぼったところで、取って返すことなど望むべくもない。私たちの頽廃はあまりにも毒に満ちており、私たちがどんなに反省をめぐらし、克服の努力を重ねてみたところで、頽廃は弱まるどころかかえって強固になり、悪化する。難破の運命を負わされた私たちが、世界創造の劇のなかでやってのける演《だ》し物は、最も見栄えのする、そしてまた最も惨めな挿話である。人間以外の被造物のなかにも悪の芽は蔵されてあったのに、それがもっぱら私たち人間の内部において開花した以上、彼らが救われるためには人間こそ破滅しなければならなかったのだ。他の被造物が内包していた分裂と葛藤の潜在能力は人間に集中され、私たちの内部において現実のものと化したのであり、そして私たちはわが身を犠牲にして動物や植物を、その内部にまどろんでいた不吉な諸要素から解放したのである。こんな雅量、こんな俠気は、もともと本気ではなかったとおぼしく、私たちはこうした行為を悔いてはさかんに苛立っている。彼らの救いの基盤たる無意識を妬み、できれば彼らのようになりたいと願いながら、願いのかなえられるすべもないのに激怒したあげく、人間は一転して彼らの破滅をもくろみ、彼らをおのが不幸の巻きぞえにし、不幸を彼らにかたがわりさせようとしているのだ。ことに動物たちに対して、人間は深く含むところがあったようだ。動物たちからその沈黙を奪い取り、彼らを口舌の徒輩に改宗させ、彼らに言葉のおぞましさを科するためならば、私たち人間はどんな犠牲をも厭うまい！　反省を知らぬ存在、かかるものとしての存在の魅惑は人間には禁じられているから、他の被造物がこのような存在を享受しているのが我慢ならないのだ。無垢を裏切った私たちは、だれであれいまだに無垢のままでいる者に、私たちの冒険には目もくれず、至福の麻痺状態に寛いでいるあらゆる存在に忿懣を叩きつけずにはいられない。それに神々だ。私たちにとって意識と破滅とがひとつのものであるというのに、神々は意識をもちながらそれに苦しまない。神々に向かって、どうして憤怒を爆発させずにいられようか。私たちは神々の力の秘訣を盗み取ったが、そのかわり、神々の浸っている至福の秘訣を看破することはできなかった。復讐は不可避であった。知をもちながら、知につきものの呪詛を蒙らずにすむ神々を、どうして許してやることができようか。いまや神々は姿を消したが、だからといって私たちが幸福の追求を断念してしまったわけではなかった。私たちは幸福を、まさしく私たちをそこから遠ざけるもののなかに、認識と倨傲の結びつきのなかに探し求めたし、いまも探し求めている。認識と倨傲、この二つの項目が一体のものと化するほど近づくにつれて、私たちがみずからの発端にとどめていた痕跡は、それだけ消え去ってゆく。かつての住み家だった受動性、ゆっくりと寛ぐことのできた受動性、この受動性を失えば、私たちはたちどころに行為に呑み込まれ、行為を断ち切るすべも、私たちの真の祖国を取り戻すべもないのである。行為はたしかに私たちを腐敗させたが、私たちもまた行為を腐敗させた。この相互の毀損行為の結果、歴史という観想に対するあの挑戦が、事件と共通の外延をもった、事件におとらず嘆かわしい挑戦が生まれたのは理の当然であった。私たちはかつてパトモスで幻視されたものを、いつの日かこの目で見、「荒き毛布のごとく黒い」あの太陽を、血のごときあの月を、いちぢくのように墜ちるあの星々を、「巻物を捲くがごとく」沈んでゆく太陽をまざまざと見るであろう。(2) 私たちの不安はパトモスの「幻視者」の不安と響き交わしている。そして私たちは、この「幻視者」について書いた者たち、わけても『キリスト教の起源』の著者をも含む先達よりもはるかにこの「幻視者」に親近するのである。『キリスト教の起源』の著者ルナンは、軽率にも次のように断じている。「この世の終りは、西暦一世紀の幻視者たちが信じていたほど差し迫ったものではなく、またそれは突発的な破局でもないことを私たちは知っている。それは数千世紀の後、寒気によってもたらされるであろう。」大して教養もなかった福音伝道者の方が、現代の迷信の軍門に降った注解者よりずっと遠くまで見透していたのである。ただし、こんなことはすこしも驚くにはあたらない。というのも、はるか古代にさかのぼるにつれて、私たちは、いま私たちが抱いている不安とそっくり同じ不安に出会うことになるからだ。初期の哲学は、生成が何を成就し、どのような結末をもたらすか、これについて予感以上のものを、正確な直観をもっていた。私たちの観念の同時代者ヘラクレイトスは、早くも、火が一切を〈裁くであろう〉ことを知っていた。彼はさらに数歩すすめて、ひとつの宇宙周期が終末を迎えるたびに、宇宙を覆う大火災が起り、大異変が繰り返されると考えていたが、これは時間を循環するものとするあらゆる概念の必至の帰結であった。私たちはヘラクレイトスほど豪放でもないし、求めるところもすくないから、ただ一度の終末だけでたくさんである。いくつもの終末を考えだし、それに耐えるに足る力は私たちにはない。なるほど私たちにしても、文明の多様性を、生まれそして死んでゆくさまざまの世界のあることを認めはする。だが私たちは、だれひとりとして歴史がそっくりそのまま無際限に再開を繰り返すなどと信じはしない。私たちは、歴史に生起するひとつの事件、そして必ずや不可逆のものと思われる事件とともに、唯一無二の大団円に向かって一歩を進めるのである。このとき、私たちの歩みは進歩の律動に沿っている。私たちは進歩の図式の方を採用し、よけいな御託宣の方は、もちろん拒否するのだ。私たちは進歩する、その通りだ。いやそれどころか走ってさえいる。ただし、私たちの向かうところは、あのまぎれもない災禍であり、夢のような完成などというものではない。私たちはすぐ前の時代の先達たちが振りまいたさまざまの寓話に嫌悪を抱いている。この嫌悪感が昂ずれば昂ずるほど、私たちはいよいよ、「夜」をもって事物の本源としたオルフェウス教徒たちを、あるいは「憎悪」に宇宙創成の力があるとしたエンペドクレスのような人間をいっそう身近に感じるのだ。だが私たちが他のだれよりも深い共感を寄せることができるのは、あのエペソスの哲学者、宇宙は雷電によって統べられていると断じた哲学者(3)であることに変りはない。もはや「理性」によって盲にされることのない私たちは、ようやくにして世界のもうひとつの貌を、世界を領している闇を発見した。そしてたとえ私たちがその闇から、是が非でも一条の光によって隔てられねばならぬとしても、その光は、ある種の決定的な電光であることは疑いを容れない。ソクラテス以前の哲学者たちに私たちを近づけるもうひとつの特色は、不可避なものに対する熱愛であろう。彼らはこの熱愛を、西欧文明の黎明期において抱懐した。このとき彼らがはじめて接触したさまざまの事物や生き物は、目にしただけで彼らを驚嘆と狼狽の底に叩きこんだに違いない。それから数多くの世紀を経て、現段階に達した私たちは、この熱愛を、私たちが人間と、そして人間が私たちにかき立てる恐怖と和解する唯一の形式として抱懐する。私たちは人間が人間を否定するものに向かって突進するのを、みずからの絶滅の恍惚感にうち震えているのを見つつ、諦念と魅惑とにこもごも襲われる。パニックは人間の悪癖でもあれば、その存在理由でもあり、その膨張の、その病的繁栄の原理でもあるが、人間は深いところからこのパニックに取りつかれており、パニックをもっておのれの親密な定義としているほどの存在だから、人間からこれを取り去ったら、たちどころに瓦解してしまうことだろう。初期の哲学者たちが、いかに炯眼の持ち主であったとしても、なお彼らには、精神の世界が物的世界におとらず、かずかずの恐ろしい難題を提起するとは、考えもつかなかった。彼らが〈血気さかんであった〉時代、人間はまだその力量のほどを証明してはいなかったのである……私たちに彼らにまさる点があるとすれば、私たちが人間は何をなしうるかを、あるいはもっと正確にいえば、私たち自身が何をなしうるかを知っていることである。なぜなら、同時に刺激剤でもあれば破壊の元凶でもあるあのパニックを、私たちはだれしも例外なくおのれの内部にかかえているからであり、そしてそれは私たちの面貌に刻み込まれ、私たちの動作となって噴出し、私たちの骨をつらぬき、私たちの血をかき立てるからである。私たちは、可視のものであれ不可視のものであれ、私たち人間の歪みを地球に植えつけてしまった。すでにして地球は私たちと同じく身を震わせ、私たちの発作に感染している。そしてテンカンが地球の全面に広がるにつれて、地球は私たちに唾を吐きかけ、罵倒を浴びせかける。

古きさまざまの信仰を清算してしまったために、形而上学的資産にも、絶対の実質的蓄えにもこと欠くにいたった今となって、歴史過程の最後の段階に直面しなければならないというのは、私たちにしても遺憾のきわみである。不意に断末魔を迎えた私たちは、一切を奪われたまま、今やあのはかない悪夢に、またとない崩壊のただなかに居合わせる幸運に浴した人間がだれしも例外なく抱いた、あのはかない悪夢に膚すれすれに接している。事態を直視する勇気とともに、たとえ一瞬でも、みずからの疾走を止めるだけの勇気が私たちにあるならば、この小休止、地球規模にわたるこの休息は、私たちを待ち伏せている危地の由々しさを告げるに十分であろう。そしてそこに生まれる恐怖は、たちまちにして祈りか悲嘆の声か、身心に益ある痙攣かに変ってしまうであろう。だが、私たちには立ち止ることはできない。そしてもし宿命という観念が私たちの心を惹き、なお私たちを支えてくれるとすれば、その観念には、何はともあれ形而上学の残滓が含まれているからであり、またそれが、人間の存続にどうしても欠かせぬ絶対の見かけぐらいは、私たちに保持させてくれそうな手がかり——唯一の手がかりになっているからである。だがこの手がかりさえも、失われてしまう日が来ないとだれに保証できようか。そうなれば私たちの空無は絶頂に達し、私たちは突然の、光栄といえば光栄でなくもない、いや、魂を奪うほどの魅惑に充ちた破局ではなく、ずっと質の悪い、完全な磨耗という不面目な最期をとげることになるだろう。だから、つまらぬ猜疑を棄てて、私たちの天分にも好みにもずっとふさわしい破局に賭けようではないか。さらに一歩を進めて、破局がもう到来したことにしようではないか。それを既成事実とみなしてしまおうではないか。あらゆる点から見て、この破局には生存者が出るだろう。破局の光景を満喫し、そこに教訓を汲むという幸運にあずかったごく少数の特権者である。たぶん彼らの第一の関心事は、古い人類の記憶を拭い去ること、人類を失墜させ、破滅にまで追いこんだ一切の事業の記憶を抹消することであろう。これは保証していいことだ。都市という都市を憎悪する彼らは、都市の破滅をさらに完全ならしめ、その痕跡の一片をも残すまいとするだろう。発育不全の一本の樹木でさえ、彼らの目には、博物館にも、あるいは大聖堂にもまさるものと映るであろう。学校などはむろん廃止である。そのかわり、忘却法の講座が、知識を捨てる術の講座が開かれ、無頓着の美徳と健忘症の快楽とが賛えられるだろう。浅薄なものであれ、謹厳なものであれ、およそ書物という書物を目にしたとき抱く嫌悪感は、〈知〉全体にまで及び、〈知〉は、あたかもそれがワイセツ物か禍の元でもあるかのように、困惑と恐怖とをもって語られるだろう。哲学に首を突っこんだり、体系樹立に専念したり、そんなものを固執したり、信じたりするのは、不敬の行為、挑発、裏切り、呪うべき過去との共犯というふうにみなされるだろう。すべて憎悪の的となった道具など、崩壊した世界の残骸を一掃するためでなければ、使用する者などひとりもおるまい。人々はだれも動物などはかえりみず植物を生きかたの鑑とし、動物たちの方は、なおいくつかの点で人間の貌と功績とを想い起こさせるがゆえに嫌われ、退けられるに違いない。これと同じ理由で、人々は神々を、ましてや偶像を蘇生させようなどとは思うまい。歴史拒否はきわめて根底的なものであるから、歴史は情容赦なく無差別に、一括して断罪されるであろう。一種の錯誤、あるいは逸脱と見なされる時間についても、この間の事情に変りはあるまい。

生き残った者たちは行為の妄想から覚め、無変化、無活動の方に立ち戻って、それを愛し、それに耽溺し、新奇なものが見せる幻術にも、もはや惑わされまいとするだろう。朝ごとに、彼らはつつましく想いを凝らし、すぐる世代の人々に呪いの言葉をつぶやくだろう。だが、彼らどうしのあいだには、うさんくさい、卑しい感情も、遺恨のきれはしもなく、だれであろうと、辱めたり、威したりする気持はみじんもないだろう。彼らは自由にして平等だが、それでも、その生活のうちにも思想のうちにも、滅亡し去った人類の悪徳の影を一切とどめていない人間を自分たちの上位に据えるだろう。この人間をこぞって崇め、絶えずこの人間に似ようと心がけるであろう。

さて、こんなとりとめもない世迷い言はこれくらいにしておこう。終末論興行のつまらぬ常套手段、〈お慰めの幕間狂言〉などをデッチあげたところでなんの役にも立ちはしないのだから。この醜怪な現状を脱して面目を一新した、あの新しき人類を想像してみる権利が私たちにないわけではないが、新しき人類がその目的を達成したとき、またしても古き人類の不幸に落ちこまずにすむとだれに保証できようか。幸福に倦み疲れることがないと、どうして信じられようか。奈落堕ちの魅力に、みずからもまた一個の役割を演じたいという誘惑に屈服することがないと、どうして信じられようか。楽園のただなかにおける倦怠は、私たちの始祖の裡に地獄への嗜欲を生みだし、その結果、一連の世紀が惨澹たる列をなし、私たちのこの末世にまで及んでいる。地獄へのまごうかたなきノスタルジーともいうべきこの嗜欲は、私たちに続く人類を苛まずにはいないだろう。彼らを、私たちの諸悪の、堂々たる相続人たらしめずにはいないだろう。されば、熱にうかされた仮説ともいうべき予言など断念しよう。遙かな、不確実な未来の幻影などに誑かされず、私たちの確信に、一点の疑いをも容れぬ私たちの深淵に甘んじようではないか。

眩暈粗描

I

「もし伝書鳩に地理を教え込むことができたら、無意識裡に目的地めざしてまっしぐらに飛んでいくことはたちまち不可能になってしまうだろう。」（カルル＝グスタフ・カルス）

母国語にかえて他の国語を選んだ作家は、知識はあるけれども途方に暮れているこの鳩のようなものである。

★

読者のはたすべき務めを軽減してやろうなどと思うのは間違っている。そんなことをしてやっても、読者はありがたいとは思うまい。彼は足踏みし、行きづまり、罰してもらいたいのであり、理解などしたくはないのである。明晰さを欠く作家たちの威信が、ごった煮の永続性が生まれるゆえんである。

★

レオン・ブロワはパスカルの秘められた凡庸ぶりについて語っている。この言葉は私にはパスカルに対する冒瀆と思われる。万事において極端であったパスカルが良識においてもまた極端であったことを思えば、これは絶対的とはいい切れないにしても、冒瀆であることに変りはないのである。

★

哲学者たちは教授連中のために書き、思想家たちは作家たちのために書く。

★

『憂鬱の解剖』[1]（The Anatomy of Melancholy）——これほどにも美しい表題があったであろうか。多少の読みづらさなど問うところではない！

★

出版すべきものは初稿のみに限るべきではなかろうか。つまり、何をいおうとしているのか自分でも分からぬ前に出版すべきではなかろうか。

★

未完なるがゆえに未完に終った作品。芸術の本質をめぐって愚にもつかぬ思弁をかきたてることになるのは、こういう作品に限られる。

★

信仰をもたずともマイスター・エックハルトを十分理解できるからには、信仰をもっていたら、どれほど得になることだろうか。

★

神秘神学の言葉に翻訳できぬものは経験に値しない。

★

『リグ・ヴェーダ』の語るところによれば、原初の「単一物《ユニテ》」は「息を吐かずにおのずと呼吸していた」ということであるが、この「単一物」の一族になること。

★

人間の屑ともいうべき男と話し合う。延々三時間に及んだ話し合いのあいだ私は自分に向かって、俺は時間を浪費しているわけではない、何世代かたてば人間がどういうものになるか、つまりはその見本をとくと拝見する幸運にめぐまれたのだ……と絶えず繰り返したものだが、そうでもしなかったら、この三時間は刑苦と化していたかも知れないのである。

★

彼女ほど失墜を愛していた人間を私は知らない。にもかかわらずその失墜を避けるために、彼女はみずから死を選んだ。

★

私に自殺線があるかどうか見てみたいとLがいうが、私は手を出さない。手を見せるくらいなら、彼の前に出るときにはいつも手袋をはめているだろう。

★

書物は古い傷口を開き、さらには新しい傷をさえもたらすものでなければならない。書物とは一箇の危険であるべきだ。

★

市場《いちば》で二人の老婆が真険な表情で話し合っている。別れぎわ、ずっと老いさらばえたひとりがこういって話を打ち切る、「すこしでも心やすらかにしていたいと思うなら、生活の常態をしっかり守らないといけないわ」。

言葉こそ違え、これこそエピクテトスが教えていたことだ。

★

ロンドン滞在についてのCの話。まるひと月のあいだというもの、彼はロンドンのホテルの一室で壁に顔を向けたままじっと坐っていたということである。彼にとって、それは終って欲しくないと願わずにはいられないような稀有な幸福であった。私は彼に、仏教の伝道僧菩提達磨の同じような経験を語って聞かせる。それは九年間も続いたのである……

Cはすこしも自慢していなかったが、私には彼のあっぱれな行為がねたましかった。そこで彼にいったものだ、よしんばくだんの行為が君のたったひとつの手柄に終ったとしても、それは君がどう切り抜けてよいか分からぬ衰弱の危機を克服する助けになるはずだし、君にしてからが自分をまんざら捨てたものでもないと思うに違いないと。

★

パリが目を覚ます。十一月の朝、あたりはまだ暗い。オプセルヴァトワール通りで、一羽の、たった一羽の小鳥の試し鳴きの声。私は足を止め、聞き入る。突然、近くでうなり声が聞えるが、方角は分からない。やっと小型トラックの下で眠っている二人の浮浪人の姿が目に入る。そのひとりがなにか悪い夢でも見ているに違いない。魔法は消えうせ、私はそそくさとその場を立ち去る。サン・シュルピス広場の共同便所で、ほとんど裸同然の小柄な老婆に出っくわす……私が恐怖の叫び声をあげながらサン・シュルピス教会に駆け込むと、佝僂の、やぶにらみの司祭が、老若十五人ばかりの貧しい人々に向かって、この世の終りの近づいていることを、最後の審判の懲罰の恐ろしさを説き聞かせているのだった。

★

「科学」が生まれる前に生をうけ、最初にかかった病気で死ぬという特権にあずかっていたすべての人々、幸いなのはこういう人たちだ。

★

知性の経済学にため息を導入したこと。

★

思弁としての思弁の一切を私がはやくから捨ててかえりみなくなったのは、私の疲労の、混乱の、そして生理学への否応なしの関心のしからしめたことだった。そしてかくも長い年月のあいだ、いかなる点においてもなんらの向上も果たさなかったにしても、すくなくとも私は、肉体とは何であるかはとことんこれを理解したのではあるまいか。

★

古い友人のひとりに浮浪者、といって悪ければ、旅廻りのミュージシャンがいる。この男がアルデンヌ県に住む両親のもとにしばらく身を寄せていたときのことだが、ある日曜日の朝、ミサに出かけようとしている先生あがりの母親と、ささいなことが原因で激しい口論になった。逆情し、とつぜん色を失った彼女は、おし黙ったまま、帽子を、外套を、ブラウスを、スカートを、パンティを、ストッキングをつぎつぎにぬぎ捨てて真裸になり、怖気づいて身動きもならず、壁にへばりついたまま制止の動作も言葉もままならぬ夫と息子とを尻目に、卑猥なダンスをやってみせた。ダンスが終ると、彼女は肘掛椅子に崩れ落ち、さめざめと泣き始めた。

★

アルマニャック派(2)のパルチザンたちの絞首刑を描いた複製画が壁にかけてある。彼らの表情には、冷笑と哄笑とエクスタシスとが混じり合っている。まるで自分たちの刑苦の終りを目のあたりにすることをなによりも恐れているかのようである……

この、えもいえぬ、しかも挑戦的な幸福の光景は、いっかな見飽きることがない。

★

友情は真実とは両立不可能なものであるから、稔り豊かなものは、私たちの敵との無言の対話だけである。

★

近親者たるものは、私たちが無気力な状態にないときを選んで死ぬべきであろう。そうでなければ、彼らの災難に関心をもつべくどんな努力ができようか！

★

「そして最後の者が最初の者となるであろう。」——一九五八年一月三十日、コレージュ・ド・フランスで、プエクのトマスによる福音書の講義を聴いていたとき、学殖ゆたかな注解のさなかにふと発せられたこの決り文句を耳にして、私は妙な気持になった。断末魔のさなかにこの文句を聞いたとしても、これほどまでに心を動かされることはなかったであろう。

★

スペインの詩人からネズミの絵の入った年賀状が届く。詩人のただし書きによると、ネズミは私たちがその年に〈寄せうる期待〉（esperar）のすべての象徴であるということである。すべての年に寄せる期待――こう付け加えることもできたであろう。

★

どのような性質の作品であれ、作品に手を出すほどの無分別な人間には、自分の制作に加えられる留保はどんなに些細なものでも、うわべはともかく肚の底ではなかなか容認できないものである。ひとたび自分の才能に疑念を抱けば、もうそれだけで彼は根底を掘り崩され、他人が彼について抱いている疑念にその上なお立ち向かうことなど望むべくもないのである。

★

ある古代人の語っているところによると、エピクロスの教義には〈サイレンたちのやさしさ〉があったということである。

こういう称賛に値するような現代の学説を探してみても無駄であろう。

★

ヘロドトスを読んでいると、東方の百姓が語り、かつ〈哲学している〉のを聞く思いがする。――彼がスキタイ人の住む地方を旅したことも無駄ではなかったのである。

★

ひとりの青年が訪ねて来る。さる婦人の紹介によるのだが、紹介状には青年は一種の〈天才〉であるとはっきり書いてある。彼はアフリカの旅行から帰ったばかりだったが、その旅行についてひとくさり私に語って聞かせると、今度は自分の関心事やら読書やら将来の計画やらについて語った。その話のいずれにもなにか見当違いなものが、空虚な熱狂のようなものがあり、私は不安だった。彼がどんな人間なのか、どんな才能の持ち主なのか知りようもなかった。一時間後、彼は立ち上った。私もまた立ち上ったが、その私に目を据えたなり、彼は放心したような、同時にまた考えつめたような態度で、ゆっくりと、まるで幻覚にとらわれたカタツムリのように、ひどくゆっくりと私に近寄って来た。「この天才は俺を殺すもつもりだ」、そのとき、こう考えたことを覚えている。私は一歩あとずさった。このうえなお彼が近寄って来たら、やつの顔面に一発くらわしてやるつもりだった。彼は立ち止った。そしてやっと自制しているような、もうひとりのジキル博士がなにか不吉な変身にあらがっているかのような神経質な動作をすると、やっと冷静になり、作り笑いをしながら椅子に戻った。私は彼を問いただし、このうえ彼の気持を乱すようなことはしなかった。私たちは中断されていた会話をそのまま続けたが、彼が自分を取り戻すにつれて、彼の状態が私にのり移り、今度は私が立ち上る番であるような気持だった。そのとき幸なことに、彼は立ち去る気持になった。

★

吃音、ぎくしゃくしたしゃべり方、早口で分かりにくくいう技術——しゃべる上でのこういうかずかずの欠陥、そしてまた特徴のある声と、ヨーロッパの東の端に独特の**r**の発音——私が反動から自分の文章をいささかなりとも大切に扱い、口を開けば決まって罵倒してきた国語に多少なりとも恥じないようにしてきたのは、これらの欠陥の余儀ない結果である。

★

仏陀は、解脱の探究を正当なものとするさまざまの惨苦（老い、病気等）のひとつに、〈役者の舞台負け〉をあげている！　こと恐怖という点では、人間であることの人間の恐怖こそがアルファにしてオメガでなければならなかったのである。

★

八十歳になるあの男が、決して口外しないという約束で、生まれてはじめて自殺の誘惑を経験したことを私に打ち明けた。なぜこれほど秘密にしておきたいのだろうか。まったくもって正当な欲望を知るのに、こんなにも長いあいだ待たねばならなかったことを恥じているのだろうか。それとも反対に、われながら醜悪な行為と考えているに違いないものを恐れているのだろうか。

★

惜しみてもあまりあることだが、パスカルは自殺について考察をめぐらすまでもないものと考えていた。だが自殺は、彼にとってはひとつの問題であった。おそらく彼は反自殺論を展開したであろうが、またそこにはかずかずの示唆に富む譲歩も見られたことであろう。

★

「異常なものに対する嗜好は凡庸さの特徴である。」(ディドロ)

……それでも「啓蒙」の世紀がシェークスピアをなにひとつ理解しなかったことに驚かざるを得ない。

★

何かいいたいことがあるから書くのではない。何かをいいたいと思うからこそ書くのである。

★

遺書を書くか、それとも二、三の見栄えのしないアフォリスムを書くにとどめるか、こんなことすら分からぬまま、まんじりともせず過す耐えがたい不安な夜がある。私たちが思わず吹き出さずにはいられなくなる瞬間があるとすれば、こういう夜を過しているときだ。

★

苦痛とは何か。——決して消え去ろうとはしない感覚、野心まんまんの感覚である。

★

生存とは剽窃である。

★

カバラによれば、人間が腹に宿ると、母親の胎内にはたちまち光の徴《しるし》が現われるが、人間が生まれるとその光は消えてしまうということである……。

★

一切の宗教的感情と無縁な世界に生きることなど願い下げにしてもらいたい。といっても、私の念頭にあるのは信仰ではない。どんな信仰とも無縁の、あの内奥の震えであり、私たちを神の内部に、ときには神の上に駆り立てるあの震えである。

★

「いまだかつて〈時間〉を解脱しえた者はいない。」

こんなことは先刻承知のことだ。けれどもこの言葉にお目にかかったのがほかでもない『マハーバーラタ』となると、この言葉は未来永劫にわたるものなのだ。

★

人類堕落の物語がかくも人の心をうつのは、作者が実体なり象徴なりをそこに描きだしているからではない。彼は庭園のなかをまさしくそぞろ歩いている神を、さる注釈者がいかにも正確に特徴づけたように、ひとりの田園の神を視ているからである。

★

「キリスト磔刑のことを思うと、きまって私は妬みの罪を犯す。」

シモーヌ・ヴェーユをかくまで私が愛するのは、並ぶものなき聖者たちと高慢のほどをきそってもおさおさひけをとるまいと思われる、こういう言葉があるからである。

★

神々が存在しなければ人間は生きることはできないという主張は間違っている。まず第一に、人間は神々の模造品を創りだし、次いであらゆることに耐え、あらゆることに慣れる。絶望から死ぬほど人間は高貴ではないのである。

★

あの夢のなかで、いつもは軽蔑している男をべたぼめにほめそやしたものだ。目を覚したとき、こういう恥知らずな行為を実際にやってのけたときよりもはるかに激しい自己嫌悪におそわれた。

★

俺は有能な人間だ、事情通でもあれば、実際的なことをやってのけることもできる――自分についてこんな印象をもつことができるのは、横になって、とりとめもない問いに際限もなく耽っているときだけである。

★

不毛性は人を明晰にし冷酷にする。制作することをやめれば、とたんに他人の制作はどれもこれも、なんらの感興も呼ばなければ、なんらの実体もないもののように見える。おそらくこれがほんとうの判断というものだろう。だがこの判断は、私たちが制作している時点に、まさしく他人と同じことをしていた時点に及ぼすべきものであろう。

★

おのが勝利を敗北といつわる術《こつ》、まことの精神の優雅さはまさしくここにある。

★

途切れたあの悪夢、新しいカタストロフィがないために、いつまでも消えず長びく悪夢。うんざりしてはっと目を覚す！

★

死とは一箇の完成状態、死すべき人間の手にすることのできる唯一のものである。

★

ひっきりなしにタバコを喫っていた頃のことだが、まんじりともしない夜を過した後の一服には、すべてを慰めてくれる不吉な味がしたものだ。

★

郊外行きの電車のなかで、少女（五歳くらいか）が絵本を読んでいる。たまたま〈パッサージュ〉という言葉を目にして、その意味を母親に訊ねる。母親が答える、「パッサージュというのはね、走って《バー》いる《ス》電車のことだし、通りを通って《パース》ゆくひとのことだし、吹く《パース》風のことなの……」とても利発そうな少女は、この答えに不満そうな顔をしている。おそらく母親のあげた事例があまりにも具体的にすぎると思ったのだ。

★

その日、食卓で談たまたま〈神学〉に及んだ。すると、立ち聞きしていた文盲の百姓女の女中がいったものだ、「神様がいると思うのは歯の痛いときだけだわ」と。ひとつの生涯の終った後で、私の覚えているただひとつのことは彼女のこの発言だけである。

★

あるイギリスの週刊誌にマルクス・アウレリウス帝をこきおろした一文が掲載されている。皇帝の偽善、俗物主義、気取り、これが筆者のやりだまにあげているものである。怒り心頭に発し、私は反論にとりかかろうとしたが、当の皇帝のことが念頭をよぎり、たちまち私はわれにかえった。決して怒ってはならぬと教えてくれたその人間の名において、私が怒りを爆発させなかったのはいかにも妥当なことであった。

★

あらゆる譲歩には例外なく一種の内面の衰弱が伴うものだが、すぐにはこの衰弱に気づかぬものである。

★

仕事ができないから退屈している、といったその友人に私は答えたものだ。退屈とは一種至高の状態であり、それを労働の観念に結びつけるのは退屈を貶めることにほかならないと。

★

生存とは、なんらかの意味をもたぬ巨大な現象である。私が日ごと日ごと経験している茫然自失の状態を定義しようとすれば、こうもいえようか。

★

君にいわせれば、どうやら私は懐疑をこととしてはじめてすこしは役に立つ人間であり、肯定をこととするにいたっては二束三文の価値もない人間であるということだった。

★

だが私は懐疑家ではない。懐疑の熱愛者、熱狂し、興奮にわれを忘れた懐疑家であり、信仰なき狂信者、動揺つねなき英雄だ。

真実に対する仮借ない、あえていえば臆面もない探求、わが身の破滅への激しい執着、これこそオイディプスの探究というものであり、それは、自己保存の本能とは原理的に相容れぬ活動である「認識」の歩みとメカニズムに似ている。

★

それがなんであれ何かを確信すること、これは未聞の、ほとんど奇跡的ともいえる偉業である。

★

晩年のニーチェに向けることのできる批難は、あえぎながら過度に書いたということであり、無駄な時間がなかったということである。

★

天啓あるいは熱狂、これはともに自分がだれであるか分からぬ状態であるが、他人に伝染し、有効なのは、この状態から生まれた言葉だけである。

★

人々の断定によれば、キリストは賢者ではなかった。彼が最後の晩餐にのぞんで発した言葉がその証拠である。曰く「わが想い出にかくなせ」と。ところで賢者は自分の名においては決して語らない。つまり賢者とは人格なきものの謂だ。

そうかも知れぬ。だがキリストは自分が賢者であるとはいっていない。彼は自分が神であると思っていたのであり、だからこそもっと謙虚な言葉が、まさに一個人の言葉が必要だったのである。

★

刻苦し、奮闘し、おのれを犠牲にする。みかけは自分のためのようだが、実際はだれのためでもなく、未来の、未知なる敵のためなのだ。これは個々の人間よりはむしろ民族にこそあてはまる。ヘラクレイトスは間違っていた。宇宙を統べているのは雷電ではなくアイロニーであり、アイロニーこそ世界の法則なのだ。

★

たとえなにひとつ起こらなくとも、私にはすべてが十分すぎるもののように見える。だとすれば、どんなものにもあれ事件を前にして、いうべき言葉があろうか。

★

私たちが固い大地の上を歩いているなどと思い込むのは沙汰の限りである。歴史の存在に気がつけば、とたんに私たちは、事実はこの反対であることを納得する。私たちの一歩一歩は大地をしっかり踏みしめていたように見えるが、大地に似たものも、私たちの歩みに似たものもないことに私たちは突然気づくのである。

★

動物園で。——ここにいる動物たちは、猿を除けば例外なく上品だ。思うに、人間は猿と大差のないものだ。

★

ダンジョーの「日記」にこんな記述がみられる。「ダルクール公爵夫人、自殺したフーコーなる人物の遺産相続を願い出て、これを許される。」——「本日、王より王太子妃に自殺した男の下賜あり。王太子妃はこれをもとにしこたま儲ける肚づもりなり。」

カツラを常用していた時代に罪一等を免じてやりたい気持になったら、そしてまたギロチンに唖然たる想いを禁じえないときには、これは思いだしてみなければならぬことである。

★

見解によって真理に到達することはできない。なぜならば、あらゆる見解は例外なく、現実に対する馬鹿げた一視点にしかすぎないのだから。

★

ヒンズー教の伝承によれば、シヴァ神は、ある決まった瞬間になると踊りだすということである。最初はゆっくりとしたその踊りは徐々に早くなり、気違いじみたリズムで世界がぐるぐる廻りだすまでとまらない。キリスト教の天地創造のリズムとはなにからなにまで対照的なリズムである。

この伝承には注解は一切含まれていない。その妥当性を証明する仕事は、歴史がこれを引き受けたからである。

★

毒人参が調合されているというのに、ソクラテスはフルート一曲の練習に余念がなかった。「今さらそんなことをしてどうなるというのかね」と訊ねられると、「死ぬ前にこの曲を覚えることになるさ」

と彼は答えた。

さまざまの手引書に取りあげられて陳腐なものと化したこの答えを、ここにまたむしかえす気になったのはほかでもない。私にとってこの答えは、死を目前にして、あるいは他のいかなる瞬間において行使されようとも、認識へのあらゆる意志の唯一確実な正当化とみえるからである。

★

オリゲネスの見解によれば、「翼折れ」て悪にゆだねられた魂だけが再び肉体をまとうのである。別の言葉でいえば、命とりともなりかねない欲望がなければ、受肉も歴史も存在しないということだ。これは恐るべき明白な事実であるが、最も劣悪な神学用具で包み込んでしまえば、たちまち許容しうるものと化するのである。

★

真《まこと》のメシアが世界へ来臨するとすれば、それは〈まったく義《ただ》しき〉世界か〈まったく罪ある〉世界かのいずれかへでしかないであろうということである。この場合、考察に値するのは後者の可能性だけである。なぜならそれは、可能性とはいえほとんど目に見えるものであり、未来にかんする私たちの知見といかにもみごとに一致しているからであり、どうころんでもメシアは最後に現われ、かくして蒼古の期待よりはむしろ蒼古の恐れに応えるものと思われるからである。

★

自分が殺される夢よりも自分が人殺しをしている夢をみた後の方が、ずっとたやすく眠りにつくことができるものだ——この事実は、もう何度となく私の確かめたことだ。

人殺しへのご褒美。

★

サン・セヴラン教会で、イタリア人のコーラスによるカヴァリエリの「エレミア哀歌」を聴く。感きわまったとき、私は機会があれば即刻あいつに復讐してやろうと考えた。……〈この世のものとも思われぬ至純の〉瞬間を経験すると、私はきまってすぐにでも復讐してやりたい気持に駆られるが、私の受けたその侮辱はといえば新しいものでは決してなく、十年前、二十年前、いや三十年も前のものなのだ。

★

いずれにしてもある瞬間、死んでくれたらと思わなかった人間はひとりもいない。

すぐれた心理洞察家のDは耄碌していたが、それでも自分のみつけ出した巧みな着想は後生大事に守っていた。顔を合わせると、必ずきまって、私の激怒を見るとリア王の激怒を想い出すといって、すぐさまリア王の威しの言葉を音吐朗々と読みあげてみせるのだった。「必ずやってやるぞ……何をやるかまだ分からぬが、必ずこの世が恐れおののくようなことをやってみせるからな。(3)」読み終ると、小柄な老人は子供のように笑ったものだった。

★

ハシディズム派の一テキストによれば、真《まこと》の道をみつけださなかった者、あるいは真《まこと》の道から故意に遠ざかった者は、ただひたすら〈悪魔の誇り〉によって生きることになる。

これでは非難されているのは自分であると思わぬわけにはいかないのではないか！

★

永遠——この言葉を気もふれずにどうしてかくも頻繁に口にすることができたのか、思えば不思議なことである。

★

「また死にたる者の、大いなる者も小さき者も、神のみ前に立てるを見たり。[4]」

大いなる者も小さき者も！　ユーモアの巧まざる筆致。『黙示録』においてさえ、重要なのは取るに足りぬ些細なものであり、というよりこれらのものこそ『黙示録』の魅力なのだ。

★

死とはなんたる侮辱！　だしぬけにものに化するとは……

★

人を憎むとは、その人間がなんであれ別の人間になって欲しいと願うことだ。Tの手紙によれば、私は彼の愛してやまない人間であるが……同時にまた彼は、私に妄執を捨て、生き方を変え、別の人間になり、今のような人間とは縁を切ってもらいたいと頼むのである。これではまるで私の存在を拒否しているようなものではないか。

★

解脱、安心立命《あんじんりゅうめい》――曖昧な、ほとんど空虚な言葉だ。ただし、余命いくばくもないと知らされて、にこやかにうなずくあの瞬間は別である。

★

〈心理現象〉に帰着すると考えられるあらゆるもののなかで、ふさぎの虫ほど生理学にかかわりのあるものはない。組織のなかであろうと、血のなかであろうと、骨のなかであろうと、個々の器官のなかをおかまいなしに動きまわっているのだ。放っておいたら、指の爪さえやられかねまい。

★

彼は治療学上の配慮から、自分の内部にある一切の不潔なものを、思考の残滓と精神のおりを自分の本のなかにつめ込んだ。

★

『音楽の捧げもの』、『フーガの技法』、『ゴールドベルク変奏曲』。哲学において、またすべてのものにおいてもそうだが、私が音楽において愛するものは、強調によって、反復によって、また存在の最深部に達し、ほとんど耐えがたい歓喜をそこに惹きおこすあの際限のない繰り返しによって、人を苦しめるものである。

★

〈虚無〉にも値せぬ哲学者どもの濫用によって、〈虚無〉が下落してしまったのはかえすがえすも残念だ！

★

失望の専売権は自分にこそあるのだと思い込んでいると、他人に失望を味わう権利を認めてやるためにみずからは自制しなければならない。

★

どうころんでみたところで人間は謙虚になどはなれはしない、よしんば屍体を見たところで。

★

勇敢な行為というものはいずれも例外なく、平衡を失った人間のなす行為である。ほんらい正常なものである動物たちは臆病と相場が決まっているが、ただし、自分の方が強いと分かっているときはこの限りではない。もっともこれこそが臆病というものだろうが。

★

もし一切の事態があげて好転しつつあるならば、老人たちはこの機会を利用できぬ腹いせに、いっせいに憤死するだろう。だが彼らにとって幸なことに、歴史がその発端以来たどってきた経緯は安心のゆくものであり、かくして彼らは、嫉妬の跡など爪の先ほども残さずにくたばることができるのである。

★

ユートピアの言葉を口にするようなやつはだれであれ、私には有史以前の爬虫類以上に縁なき衆生である。

★

日本の言葉にいうもののあわれを感得するような瞬間があるものだが、私たちが自分に満足することができるのは、これらの瞬間のことを想いだしたときだけだ。

★

世界を産みだし、支えているのは幻想である。一方の破壊なくして他方の破壊はない。私は日々これをこととしているが、どうみても無益な作業である。というのも、次の日もまたこれにとりかからねばならないからである。

★

時間は内部から蝕まれる。まさしく一個の有機体、生命に冒された一切のもののように。時間とは病巣にほかならず、しかもなんたる病巣であることか!

★

「破壊」という言葉にはもう昔日の力はない。祈りに、挑発的な祈りにもみまがう勝利と充実との、あの戦慄をもう与えてはくれぬ——こう感じはじめたとき私は自分の老いを識った。

★

どちらかといえば陰鬱な考察をひと通りやり終ると、私はたちまち生に対するあの異常な愛情に促えられる。これは否定をこととしている者にのみ与えられる懲罰であろうか。それとも報酬であろうか。

II

かつて私は、敬愛できる人間は侮辱をなめながらも幸福でいられる者だけかも知れないと主張したことがあったが、エピクテトスの方がはるかに過激なことをいっているのを今にして知った次第である。つまり彼にいわせれば、敬愛できる人間とは断末魔の苦しみのなかにありながら幸福でいられる者なのだ。だが侮辱よりは断末魔の苦しみのなかでこそ、はるかに容易に欣喜雀躍できるのではあるまいか。

★

さまざまの持病に、つまり繰り返し周期的におそってくる病に恵まれた者、したがって何度となく病のぶり返しを経験し、かかる経験が哲学上の思考としてもたらす一切のものの恩恵に浴している者、もし「永劫回帰」の思想を完全に把握する者がいるとすれば、このような人間を措いてほかにない。

★

自尊の念を持する人間に祖国はない。祖国とは鳥もちだ。

★

医学書の本屋。ウィンドーのとっつきに一体の骸骨が置いてある。ついむかむかして唾を吐いたが、後になって考えてみれば、あの冷笑をうかべている骨どもをみずから何度となく賞讃し、その姿とはいわぬまでもその観念が、そのときそのとき何度となくこの私を慈悲深くも支えてくれたからには、すこしは感謝の気持を示すべきではなかったか。

★

街に出て人間を目にすると、まっさきに思いつくのは皆殺しという言葉だ。

★

他人に本を送りつけるのは押し込みを働き、家宅侵入をおかすようなものだ。他人の孤独を、他人の最も侵すべからざるものを侵し、みずからの思考を断念させて君の思想を考えるように強いることだ。

★

Cの埋葬にのぞんでの感慨、「やつは結局たったひとりの敵さえもたなかったのだ」。——彼が凡庸な男だったということではない。人を傷つける陶酔感を驚くほど知らなかったのである。

★

Xはもう自分で自分を扱いかねている。事件にでっくわすと極度の混乱に陥るが、彼の恐荒状態は私には救いである。というのも、彼がそんな状態になると、私は彼をなだめなければならず、そして彼を説得したり、彼の気持を鎮めるような説得手段を探していたりすると、私の気持もまた鎮まってくるからである。逆上しないためには、自分よりも逆上した人間とつき合わねばならない。

★

どいつもこいつも、きつい、とげとげしい目をしている。暴動でも起きたら、どんな目つきになるか想像する気にもなれない。

大都会では、〈隣人〉という言葉にはなんの意味もない。人々がおたがいをよく知っており、静かに愛し合い憎み合うことのできた田園文明、そこでこそ正当な意味のあった言葉なのである。

★

タントラの儀礼。イニシエーションの儀礼が行われるとき、入門者には鏡が渡される。鏡には入門者の姿がうつるが、彼はこれを凝視《みつめ》ることによって、自分がこの姿にすぎぬことを、つまりは無であることを理解するのである。

自分が取るに足りぬ存在であることに気づくのはいかにも容易なことだというのに、こんな手のこんだわざとらしいことをしてなんになるというのか。

★

プロティノスが経験したのはたった四つのエクスタシスだけだった。ラマナ・マハルシ(5)が識ったのはたったのひとつ。数などは二の次だ！

エクスタシスなどただの一度も感得したためしはなく、噂を聞きかじってはしゃべり散らしているやから、哀れむべきはこういう手合だ。

★

生まれてまだ日の浅い、この小さな、目のみえぬ坊や。何を探しているのか分からないが、しきりに頭をめぐらしている。むきだしのこの頭蓋、この生まれついてのハゲ、この小さな猿、なんか月か便所のなかにいたというのに、もう自分の生まれを忘れ、やがては銀河に唾するようになる……

★

ほとんどあらゆる思想家の裡に、自分たちが論じている主題の存在を信じ込みたいとする欲求の存在をつきとめることができる。いや彼らは、これらの主題と自分たちとがある程度まで一体であるとさえ思い込んでいるのだ。この欲求は理屈の上では非難さるべきものだが、にもかかわらず天の恵みでもある。というのも、この欲求のおかげで彼らは飽きもせずに思考しているのだから……

★

もし自殺の一般的な、あえていえば公認の形式があるならば、自殺ははるかに容易にもなれば、またはるかに頻繁に行われるようにもなるだろう。だが自分の生に決着をつけるためには、自分自身の方法を探しださねばならぬから、私たちはつまらぬことを考えて莫大な時間を浪費し、肝心要のことを忘れてしまうのである。

★

数瞬間というもの、私は時間の経過に精神を集中した。一瞬一瞬の出現と消滅に私の全注意力は釘づけにされた。実をいえば、私の精神は個々の瞬間（そんなものは存在しない）に注がれていたのではなく、経過という事実そのものの上に、現在のはてしない崩壊の上に注がれていたのである。もしまる一日ぶっつづけにこのような実験を続けていたなら、脳髄の方が崩壊してしまうだろう。

★

生きるとは追いつめられることだ。

★

がたがたになった家族には、真実に身を捧げ、真実の探究にわが身を滅ぼす息子が出るものだ。

★

これまでになん人かの哲学者と識り合いになることができたが、私にとってなによりの驚きだったのは、彼らの大部分が判断というものをもちあわせていないことだった。彼らはつねに的はずれであり、正確さの能力を驚くほど欠いていた。——抽象癖がついてしまうと、精神は損なわれる。

★

かれこれ四十年来のことにもなろうか、私がテンカンの明白ならざる発作のようなものにおそわれぬ日とては一日もなかった。これあらばこそ私は元気潑剌、うわべをつくろうことができたのである。

……どんなうわべを？

★

いかなる場合にもつねに客観的態度を持することのできる人間は、どこか常軌を逸した人間のように思われる。彼らの内部で何が崩れ、何が歪んでしまったのか、それは分からぬが、なにか重大な障害、異常のあることは分かる。公平さというものは、自己肯定の意志、というかたんなる生存意志とは両立しがたいものだ。他人の長所を認めることは危険な徴候であり、自然に反する行為である。

★

「懐疑にゆだねられた人間には、現世も他界も幸福も存在しない。」

『ギータ』のこの箇所は、私の死の判決である。

★

彼女に抱いている関心にあらがうべく、私は腐敗しつつある彼女の目を、頰を、鼻を、口唇を想い描いてみるが、一向に効き目がない。彼女の醸しだすいわくいいがたいものはいっかな消えうせないのである。生というものは「認識」などおかまいなしになぜ維持されうるのか、その理由を私たちが合点するのはこういう瞬間である。

★

いったん理解したなら、即刻くたばるにしくまい。そもそも理解するとはどういうことなのか。私たちが真に把握したものは、どんな方法をもってしても表現しえぬものであり、だれにも、自分自身にも伝えることのできないものだ。そんなわけで私たちは、おのれ自身の秘密の正しい性質も知らぬまま死ぬのである。

★

墓のなかで好んで反芻できるもの、考えるべきはもうこういうものだけにすべきだ。

★

失墜した大義に、未来なき人々に、私は終始かわらぬ熱狂を捧げてきた。彼らの狂気に与しては、ほとんど彼らに劣らぬ苦しみをなめたほどだ。苦悩を避けうべくもない人間にとって、自分の苦しみはどれほど大きなものであろうと、充分ということはない。彼は他人の苦しみにとびかかり、それを横領し、かくして自分を二倍にも三倍にも、それどころか百倍にも不幸にするのである。

★

永続的なものは、もっぱら否定的なもの、存在を傷つけ損なうもののなかにのみこれを感受すべきだ。たとえば、脅威の永続性、挫折の永続性、希求しながら手に入れそこねたエクスタシスの永続性、垣間みたもののほとんど達しがたい絶対の永続性というように。だが私たちは、神を避けるときのように、ときとしてこの永続的なものを乗り越え、飛び越えることがあるのである……

★

森のはずれで動けなくなった一羽の森鳩。流れ弾にあたったに違いない。跳んで逃げるのが精一杯。その滑稽な身振りを自分で面白がっているようだったが、そのせいか断末魔の苦しみにもどこか陽気なところがあった。寒さは募るし、夜も迫っていたので、私はもって帰りたいと思ったが、もって帰ったところで、だれに預けたものか見当がつかなかった。陰気で気むずかしいボース人のだれがこんなものを欲しがるだろうか。そうかといって、これから汽車に乗る予定の、あの小さな駅の駅長の情にすがる気にもなれなかった。そこで私は森鳩を死の喜びにゆだねたのである。

★

すぐれて忠実なさまざまの病にかねてより悩まされているというのに、私はこれらの病が現実のものであることをただのひとりにも納得させることができなかった。けれどもよく考えてみれば、これはいかにも至当なことではないか。饒舌家の才能と座持ちの妙を心得た人間の才能とをひと前で発揮すれば、必ずただでは済まされないのである。そんな才能をひけらかしてみたあげく、どうして陽気な殉教者の存在を認めさせることができようか。

★

人間のかつての欲望だけにとどまらない、これから抱くかも知れぬ欲望さえ、願い下げにしてもらいたい！　けだし私は、可能性のある一切の欲望にうんざりしているのだ。

★

すぐれた聖者たちは是が非にも奇跡を行なおうとは思っていなかった。いわばだれかに強いられでもしたかのように、いやいやながらその気になったまでである。彼らがかくまで激しく奇跡を行うことを嫌ったのは、おそらく増長慢の罪を犯すことを恐れたからであり、叛逆心の誘惑に屈し、神と肩を並べ、神の権力をかすめ取らんとする欲望に屈することを恐れたからである。

ときとして私たちは、意志の激しい発作に見舞われると、自然の法則をねじ曲げることができると思い込むことがある。こういうとき、疲労困憊の極に達した私たちは息もたえだえの状態であり、自然の法則を侵し、足蹴にすることのできる内的エネルギーを失っているのである。奇跡を行おうとする意志だけで疲労困憊してしまうなら、奇跡そのものはどうなるのか。

★

存在しているもの、実在しているもの、充実しているもの、こういうものに出っくわすと、大勝利か大災害のときのように、きまって教会の鐘という鐘をひとつ残らず鳴らしてもらいたいような気持になる。

★

定期市のまんなかで、「砂漠の教父」たちが妬んだかも知れぬさまざまの感覚を知る。

★

ひとつの真理を宣言し、生きてある者どもから永遠の追放の身となりたい。だが私の知っているのは、真理の表明を可能ならしめる状態にすぎず、その言葉ではない。

★

大胆にも君は「時間」を君の〈兄弟〉と呼び、このきわめつけの拷問者を味方と心得ている。この点で、私たちの違いは明白だ。つまり、君は「時間」と肩を並べて歩いているが、それにひきかえこの私はといえば、「時間」の先を越すか、その後に従《つ》いてゆくのだが、だからといって「時間」の流儀をよしとしているわけでは決してない。「時間」について考えると、思弁的悲しみとでもいったものを感じないではいられないのだ。

★

『ヨハネ黙示録』のグノーシス派の作者によれば、「至高者」を無限のものと呼んでも、「至高者」の意味を汲み尽したことにはならない。なぜなら、この作者の言葉によれば「至高者」は〈無限以上のもの〉であるから。

★

神のとてつもない特異性が奈辺にあるか、かくもみごとに見届けていたこの作者の名前を知りたいものだ。

残念ながら私たち人間は謙譲においてはいかなる進歩もなし得ない！　私にしてもすくなからず熱心に努力してはみたものの、極度の倦怠に陥っているときを除けばうまくいったためしはない。倦怠が消えてなくなれば、努力は無益であったことが分かるのである。疲労困憊によらなければ謙譲になれないなら、謙譲とはまさしく反自然の状態であるに違いない。

★

孤島に打ちあげられ、絞首台がすぐ目に入ったにもかかわらず、恐れおののくどころか反対に安心してしまったあの遭難者。もちろん、彼が打ちあげられたのは野蛮人のところだが、しかしそこは秩序の支配している場所であった。

★

コンスタンチヌス帝の改宗後、一異教徒が味わったであろうさまざまの感情に寄せる私の感慨には度を越したところがある。もろもろのドグマを前にしての、生まれつつあるドグマを前にしての絶えざる恐怖——これはまた私の生でもあったのだ。

それに引きかえ、凋落しつつあるドグマは私の心を捉えて放さないが、それというのも、そこにはもうかつての攻撃性はないからである。だが、それらが危殆に瀕していることは知りつつも、ほかでもないそれらの衰弱こそ、私の恐れている世界の到来に手を貸しているものであることを忘れることができないのである。そしてそれらに寄せる同情の念が、ついにはわが恐怖をかきたてることになるのだ……

★

成功、名誉、その他これに類する一切のものは、自分の生涯は失敗に終ると感じている者がこれを経験してはじめて許容しうるものだ。そんなわけで彼は、時いたっておのが失墜を十分に楽しむためにのみこれらのものを受け容れるだろう。

★

「彫像の冷たい大理石のなかにもこれほど冷ややかなものは見たことがない」とパラスはロベスピエールについて書いている。――きわめつけの悪党然たるタレーランの冷静さは、「廉潔の士」[6]の態度や流儀の凝りに凝ったコピーだったのではあるまいか。

★

一家を構える。一帝国を築く方が私にははるかに容易であるに違いない。

★

真の作家は人間について、事物について、事件について書き、書くことそのことについて書きはしない。彼は言葉を使うが、言葉にかかずらうこともなければ、言葉を反芻の対象にすることもない。彼はすべてでありうるが、「言葉」の解剖家だけは別だ。言語の解剖は、いうべきことをなにひとつもたず、ただひたすらいい廻しに血道をあげている者どもの奇癖である。

★

アジアのある国々、たとえばラオスでは、重病にかかるとその後で名前を変えることがある。こういう習慣の起源にはなんというヴィジョンがあることか！　実際のところ、なにか重大な経験をなめた後ではその都度、名前を変えてしかるべきであろう。

★

ある日本人の曰く、散る花のみが完璧な花であると。文明についても、同じ言葉を繰り返したくなる。

★

社会の、あらゆる社会の土台は、服従するというある種の誇りである。この誇りがなくなれば、社会は崩壊する。

★

凋落したものをかぎわける嗅覚、嫌悪すべきものへの嗜欲——歴史に対する私の情熱はここに由来する。

★

君は反動家なのか——神が反動家であるという意味でなら、おっしゃる通り。

★

希望を抱くという奇癖からいやされぬかぎり、私たちは奴隷であり、奴隷であり続けるだろう。

★

わが人生はみずから望んでいた停滞の流儀になにからなにまで一致している——自分に向かってこんなふうにいい切れるのは心強いかぎりだ。

★

三十年間というもの、私の父は終油の秘跡を何千回となく授けてきた。〈仲間〉の墓掘人夫と同様に、父もまた死に対する感覚をもたなかった。死に対する感覚、それは屍体とはなんのかかわりもない感覚、内密の、あらゆる感覚のなかでももっとも内密の感覚であり、これを感受すべくあらかじめ運命づけられている者なら、よしんばだれひとり死の機会に恵まれぬ世界においてすら、これを感じ取るであろう。

★

なにものもかつて存在したためしはなく、期待という期待は、瞬間の欠如ゆえにすべて宙に浮いたものになり、そして人々は、いまだに「可能事」に汚されたままの存在のわずかなきれっぱしを、おのが最深部に無益にも探し求める――あたかもこのように私たちが振舞う瞬間……

★

九十歳になるあの老婆が、病気であったわけでも、悪いところがあったわけでもなく、ただもうこれ以上生き続けられなくなって、いま息を引き取ろうとしている……私が駆けつけたとき、彼女はほとんど意識を失っていたが、小声でささやくだけの力は残っていた。「これでもう終りね、終りなのね」――

「大丈夫！　気をしっかりもって」と私が答えると、彼女は曖昧な、おそらく軽蔑の微笑を浮かべた。私の態度があまりに素朴なものに、あるいはあまりにシニックなものに、いやひょっとすると素朴にして同時にシニックなものにみえたに違いない。

★

なんであれなんらかの主義・主張のために奮闘している人間を目にすると、この男の精神はいったいどうなっているのか、これほどはっきりした分別の欠如はどこに原因があるのか知りたくなる。断念を拒否することは〈生命〉の徴《しるし》であるかも知れないが、いずれにしても決して明視の徴でもなければ、たんなる熟慮反省の徴でもない。分別のある人間は体面を捨ててまで抗議するような真似はしない。憤怒にかられることもまずない。人間にかかわりのある問題を真面目に考えるのは、なにかしら秘密の欠陥のある証拠である。

★

ピグミー族の研究に現地を訪れた、ある人類学者が驚きあきれてこんなことを報告している。近くに住む部族たちはこの人類学者を軽蔑し、彼に近寄ろうとはしなかったが、それというのも彼が劣等種族とつきあっていたからであり、ピグミー族は、彼らの考えでは、二束三文の価値もない人間、いささかも関心を寄せるに値しない〈犬ども〉であったからである。

強靱な、歪みを知らぬ本能以上に排他的なものはない。共同体は、それが非人間的なものであり、他人を排除することができるかぎり強化される……この点で〈未開人〉は他の追随を許さない。寛容なるものを発明したのは彼らではなく〈文明人〉であり、〈文明人〉は寛容のゆえに滅び去るであろう。それならなぜ彼らはこんなものを発明したのか。彼らがまさに滅びつつあったからである……彼らを衰弱させたのは寛容ではない。その弱さ、そのヴァイタリティーの欠陥のゆえにこそ彼らは寛容になったのである。

★

私がこれまでにもっとも親交を重ねた二人の女性。アヴィラのテレシアとブランヴィリエ侯爵夫人。

★

最悪事の妄想にとりつかれた者たち――私たちはよしんば彼らの懸念と警告の正しさを認めるにしても、なお彼らに恨みがましい気持を抱いている。これにくらべ間違いをおかした人間には私たちはずっと寛大である。というのも、こういう人間の盲目ぶりは情熱と雅量の結果であると思われるからであり、それにひきかえ前者は、おのが明視に骨がらみになり、錯覚の危険を引き受けることのできぬ臆病者にすぎないかも知れないからである。

★

結局のところ、穴居時代は理想のものではなかった。その直後の時代こそがまさに理想のものであった。というのも、人間はかくも長い幽閉の後で、やっと外で思考することができるようになったのだから。

★

私は世界に対して戦っているのではない。世界よりはもっと大きな力、つまり世界に対する私自身の疲労と戦っているのだ。

★

この古くさい性本能というやつはなかなかどうしてただのしろものではない。はっきりいっておかねばならぬが、生命が生命になって以来というもの、私たちは賢明にもこいつを後生大事に守り通してきた。そうでなければ、すべてに飽きてしまったのに、こいつだけは例外であるという事態をどう説明すればよいのか。生けるものが行なってきたこの最も古い運動は、私たちを特徴づけずにおかなかった。

そんなわけで私たちは、これに溺れ込むことのない者は例外的な人物、人間のくずか聖者であるに違いないと思うのである。

★

不当な扱いをうければうけるほど、私たちは間違いなくうぬぼれないし増上慢に陥る危険がある。あらゆる犠牲者は例外なく自分をさかさまの選良であると思い込み、それにふさわしい行動をとるものだが、この点で自分が「悪魔」の地位そのものに達しているとは思ってもみないのである。

★

（もしかりに一度「懐疑」を捨て去ったことがあるならば）、再びそこに立ち帰るようなことになれば、なんであれ何かを企てることは無益なこと、というより途方もないことのように思われる。懐疑といちゃつくわけにはいかないのだ。それはある種の病さながら、というかある種の信仰さながらに私たちの深部をはるかに効果的に苦しめる。

★

自殺を決意したが、兵士たちの説得に従ってその行為を延期したオトー(7)の言葉として、タキトゥスはこんなふうに書いている、「よろしい、われらの生命にもう一夜を加えよう」と。

……オトーのこの一夜が、今しがた私が経験した夜とは違ったものであることを、オトーのために願わずにはいられない。

★

タルムードによれば、悪しき衝動は生まれついてのものであるが、良き衝動は十三歳になってはじめて現われるにすぎない……こういう正確さには滑稽なところがあるが、にもかかわらず真実らしさがないわけでもなく、「悪」を前にした「善」の、手の施しようもない臆病ぶりをあばいてみせてくれるのである。一方、「悪」はといえば、私たちの本質の内部に心地よげに腰をすえ、最初の居住者という身分のもたらすさまざまの特権を、そこで享受しているのである。

★

ユダヤ人にとってメシアとは勝利を収めた王でしかありえず、断じて犠牲者ではなかった。彼らはいかにも野心満々であったから、十字架にかけられた一人の男では満足がならず、一人の強者を待ちのぞんでいたのである。キリストがそれなりの強者であることに気づかなかったことこそ彼らの幸運というものだった。さもなければ、彼らはキリスト教徒の群れに癒着してしまい、無残にもそのなかに姿を消してしまったであろう。

★

私たちに自分自身からの逃亡を、自分とは別の人間になり、皮膚を取り替え、変身可能の人間になることを押しとどめているのは、私たちのさまざまの病弱・不具だ。私たちは一歩前進すれば、きまって一歩後退を余儀なくされるのであり、したがって私たちは、みずからの無益な同一性の認識を別にすれば、いかなる点においても前進することはできないのである。

★

時間を殺すことこそ私の使命であり、そして逆に私を殺すことこそ時間の使命である。殺害者どものあいだにあって、人々はまったく御安泰だ。

★

カテゴリーとしての、精神の構成体としての、先天的奇形としての、あえていえば啓示としての最後のもの、なにかにつけてこの最後のものがつきまとって離れない……

テーブルの上に、もうなんか月も一挺の大きなハンマーが置いてある。これはなんの象徴か。それは私にも分からないが、ここにこうしてこれがあるのは私にとっては悪くないことであり、気持が落着くこともある。この気持がどんなものか、これはなんらかの確信を楯におのが立場を守る人ならだれしも身に覚えがあるはずだ。

★

人間といわずさまざまのものに、石が石であるがゆえに一個の石にさえ、感謝の意を表したい気持がむらむらと湧いてくる……すべてのものはなんと生き生きしていることか！ まるで未来永劫にわたるかのようだ。突然、非実在などというものは考えられないように思われてくる。この種の戦慄が不意に襲ってくるという事実、襲いうる可能性があるということから考えれば、「否定」のなかにはおそらく最後の言葉はないのではあるまいか。

★

ある画家がやって来て、こんな経験談を披露する。南フランスへ行っていたとき、ある夜、彼はひとりの盲人を訪ねたが、真暗闇のなかでたったひとりきりでいる盲人を見てつい気の毒に思い、明りがなくとも生活には差し障りがないかどうか尋ねた。すると盲人は答えた、「あなたは御自分の失ったものがなにか御存知ないのです」。

★

突然に襲ってくるこの憤怒の発作、喚きたて、だれかれかまわず殴りつけ、世界中の人間をひとり残らず張り倒してやりたいという、このやむにやまれぬ気持、——どうしてこれを鎮めたものだろうか。時を移さず墓地をひと廻りしてくるか、いやいっそのこと、最期のひと廻りをしなければなるまい。

★

一日たりとも、一時間たりとも、いや一分たりとも、仏教の弁証家チャンドラキールティ(8)いうところの、あの「自我という邪説の深淵」に落ちこまぬこととてはない。

★

イロクォイ族では、老人が狩にゆけなくなると、家族の者たちは人里離れたところに老人を遺棄して餓死させるか、それとも斧で頭をぶち割ることにするか伺いを立てる習しであった。すると当の老人は、ほとんどつねに後者の方式を選んだものである。見逃すわけにはいかないのは、老人にこの選択を迫るに先立って、家族の者たちが全員そろって「大いなる癒しの歌」をうたうことである。

これほどまでの良識を、というかユーモアを示しえた〈進んだ〉社会がどこにあったであろうか。

★

わが掌中のものたる宗教的資産の一切は、とうの昔に使い果たした。枯渇してしまったのか、それとも純化したのか。それは分からない。私の血のなかにはもうどんな神も生き残ってはいない……

★

ローマの平民たちはネロの死を悼んだという事実を決して見落してはならない。これこそ、なんであれ幻想《シメール》に心そそられるときには必ず想い起こしてみなければならぬことだ。

★

かくも長い年月、私のやってきたことといえば、おのが屍体にこころ奪われ、そいつを廃棄処分にするどころか、その修理に血道をあげてきたことだけだ。私と屍体にとってこれはまたなんたる幸いであったことよ！

★

真夜中に、眠れぬままに咆哮を、あるいはすくなくとも叫び声をあげてあたりを揺さぶりたいと思いながらも、せいぜい呪詛の言葉をささやくことぐらいしかできぬ者がいるものだが、世の哀れな人間のなかでも同情に値するのはこういう者たちだけだ。

★

善とは何か、悪とは何か、私にはいよいよもってその見分けがつかない。両者をもはやまったく区別しなくなる——いつかそんなことができるようになったら、なんたる前進がもたらされることか！　だがなにに向かっての前進か。

★

カバラによれば、脳髄にも、目にも、耳にも、手にも、いや足にさえも、それらに固有のまぎれもない魂があるということだが、この観念はまたなんと正確なものに見えることか！　これらの魂はアダムの〈火花〉なのかも知れない……もっともこれはそう確かではなさそうだが。

★

階段の降りしなに、八十歳になる、がっしりとした体軀の、あの老人が大声で〈ワレラヲ憐レミタマエ〉と歌っているのが下の階に聞えた。三十分後に戻ってきて階段を上っていると、またおなじ〈憐レミタマエ〉が聞えたが、切実な響きに変りはなかった。――最初この歌を耳にしたとき私はにんまりしたものだが、二度目のときには一種のショックを覚えた。

★

この世の執着を断ち切ったときに覚える、あの墓の彼方の心のやすらぎ。突然、私はある種の微笑があたりを包みつつあるのを確かに見てとったように思う。だれが笑っていたのか。ミイラどもの顔を包んでいる、あの大いなる喜びはだれに発するものであったのか。私は一瞬にしてかしこにいたり、一瞬にして戻ってこなければならなかったが、これ以上死者たちの秘密を分かちもつには、いかにも相応しからぬ人間なのだ。

★

実をいえば、私は貧困なるものを経験したことはない。そのかわり、病気ではないにしても、すくなくとも健康の不在は、これを経験したことがある。私が文なし生活を経験したことがないという悔恨を抱かずにいられるのはこのためだ。

★

自分が正しいかどうかどうしたら知ることができるか。その目安はしごく簡単なものだ。すなわち、他人が君を避けて寄りつかないならば、彼らよりも君の方がずっと本質的なものの近くにいることはまず疑いない。

★

元気をだしたまえ、自信をもちたまえ、失望そのものを、それに屈することなく熱愛するなどということは、だれにでもできる相談ではなかったことを忘れるな。

★

小鳥の市場《いちば》。狂ったようにとび跳ねているこんなちっぽけな身体に、またなんという力が、なんという決意があることか！　生命は、この唖然たるばかりの、くだらぬもののなかにさえ宿り、ごく小さな物体をつき動かしているが、しかしまたそれは物体そのものから生まれ、物体とともに消えてなくなるのだ。とはいっても、私の当惑は解消しない。この熱狂ぶりを、この絶えることなき舞踏を、この見世物を、生がみずからに行ってみせているこのスペクタクルを、説明のしようがないのである。呼吸するとはなんたる劇か！

★

こうして通りすぎてゆく人間を眺めていると、どいつもこいつも人間の真似をするのにいいかげんあきあきした、疲労困憊のゴリラのように見えてくる。

★

神の秩序の痕跡がいささかなりとも存在しているなら、私たちはだれにしたところでおのが生涯に決着をつけるべきときを間違いなく悟り、即刻にも消えうせてしかるべきであろう。ところが、このような問題には賛否両論がついて廻るのが常であるから、私たちはあれやこれやと思案を重ねてためらっているが、やがて疑問や無力感にとりつかれているうちにいつしかときが過ぎ、日々が過ぎ去ってゆくのである。

完全無欠の社会の内部でなら、だれしもいたずらに生き恥をさらすようになったら、即刻場所を空けるべき旨の通告を受けるであろう。若年者といえども幽霊とすこしも変らぬ者がゴマンといる以上、年齢だけが目安になるとは限るまい。あれこれの人間に最後通牒をつきつける役目をもった者をどうして選びだすか、問題はすべてここにかかっているだろう。

★

もし私たちが肉体のさまざまの器官を、一切の器官を意識することができるようになれば、私たちはおのれ自身の肉体について、ある種の経験と絶対的なヴィジョンとをもつことになるだろう。そうなれば肉体はつねに意識されていることになり、もはやおのれに課せられている責務を成し遂げることはできまい。肉体そのものが意識となり、かくして肉体としての役割を果たさなくなるだろう……

★

私は自分の運命を告発しつづけてきたが、そうでもしなければ、どうして運命に立ち向かうことができたであろうか。運命を告発することこそ、運命に甘んじ、運命に耐えるための私の唯一の可能性だった。したがって私は、自己保存の本能によって、計算によって、要するにエゴイズムによって、どこまでも運命を苦しめつづけなければならないのだ。

★

若者と娘、二人とも黙ったまま身振りで話し合っている。いかにも仕合せそうにみえる！言葉は幸福の伝達手段ではないし、伝達手段たりうるものでもない。これは火を見るよりも明らかだ。

★

歳をとればとるほど、人は名誉を追いかける。おそらく死に瀕したときこそ、虚栄心は最も旺盛なのだ。やくたいもないものにしがみついてはその実体に気づこうともせず、虚無をそれ以下の代物でたぶらかすのである。

★

健康であるというのは非感覚の状態、あえていえば非実在の状態だ。苦しむことをやめれば、私たちはたちどころに存在しなくなる。

★

狂気は羨望の息の根をとめることはおろか、羨望を鎮めることさえない。以前にも増して底意地の悪い人間となって独房を出てきたXがなによりの証拠である。拘束衣をもってしてもひとりの人間の本性を変えることができないなら、治療というものに、いや年齢というものにさえどんな希望を託すことができようか。ともあれ、精神錯乱とは老いよりははるかに決定的な衝撃である。その精神錯乱にしてからが、ご覧のように、まったくなんの役にも立たないように見えるのである。

★

自分の知るもののなんたるかをわきまえておれば、どんな些細なものであれ驚きを味わうような危険は、もうこれ以上おかすことはないはずだ。にもかかわらずこの危険は存在しており、それどころか私は日々この危険をおかしている。これこそ私の弱さでなくてなんであろうか。いまだに喜んだり悲しんだりすることができるというのは、実際なんたる恥辱であることか！

★

死を怖れ、かたときたりと死を忘れたことのないあの老人の話を聞きながら、私はこんなことを反芻していた——死ぬことはひとつの優越性なのに、だれもこれを求めようとはしないと。死を避けるためならば、この老人はどんなことも厭うまい！　彼は死が不可避のものであることを私に納得させようとするが、その熱心な様子を見ているとついおかしくなってくる……死というものが彼の想像しているようなものならば、それは実際よりもずっと確かなもののように見える。相当な歳なのにどことといって悪いところもなく、物質上の心配ごともなければ、これといって執着しているものもなく、平穏に余生を送ることもできるのに、老人は絶えず死の恐怖を反芻しているのである。いやそうではない、〈自然〉が彼にこの苦しみを与えたのは、他の苦しみを回避した罰としてなのだ。

★

幸福の極限としての充実が可能なのは、私たちが生と死の非実在性を深く意識する瞬間だけに限られる。こういう瞬間は思考の次元でこそ頻繁にみられるかもしれないが、経験としては稀有なものである。経験の領域に存在するのは、私たちが感受するものだけである。ところで、同一行為の内部において感受され、しかも超越される非実在性とは、エクスタシスにも、ときには失墜にも比肩しうる離れ業である。

III

ヘシオドスはいう、「神々は生命の泉を人間に隠した」と。——神々の行為は良かったのか悪かったのか。確かなのは、このような啓示の後では、人間にはこのうえなお生きつづける勇気はなかったであろうということだ。

★

言葉の価値がどんなものか分かっているとき、人々がなんであれ何かを表現しようとやっきになり、そしてついにはともかくも表現してしまうのには一驚を禁じ得ない。実際のところ、これには人間わざとは思われない厚かましさが必要だ。

★

Xが会いたい旨を知らせてよこす。私は一も二もなく同意する。いよいよ約束の時間が迫ってくると、私の内部に昔ながらの人殺しの本能が頭をもたげてくる。結論、自分をひとかどの人間と思いたいなら、何ごとにも同意してはならぬ。

★

私は書物を通して自殺を奨励し、言葉によって自殺回避を奨励することに時間を費している。第一の場合は哲学上の解決策にかかわっているからであり、第二の場合は、ひとりの人間に、ひとつの声に、ひとつの歎きにかかわっているからである……

★

仏陀はベラネスの説教のなかで、苦悩の原因として生成への渇望と非生成への渇望とをあげている。前者をあげるのは分かるが、なぜ後者をあげねばならないのか。非生成の追求とは、解脱することではないか。だが、ここで批判されているのは解脱という目的ではなく、解脱へいたる過程としての過程、解脱の追求と追求への執着である。――生憎なことに、解脱の途上にあってなお関心をそそるものは途だけだ。解脱？　私たちは解脱に達するのではなく、そこに呑み込まれ、そこで窒息するのだ。ニルヴァーナそのものは――ひとつの仮死だ！　あらゆる仮死のなかでも最も甘美なるものだが。

★

どんな領域――聖性とて例外ではない――においてであれ、怪物たる幸運に浴さなかった者は蔑視と羨望とを抱かせる。

★

長く持病を患っている者、こういう人間を意志薄弱者とみなすことはできまい。ある観点からすれば、彼は自分の理想を達成しているのだ。あらゆる病気は例外なくひとつの肩書である。

★

わずかとはいえ死を思わせるところのないものは、なんであれ例外なく俗悪である。

★

ストリンドベリーは、晩年に及んで、リュクサンブール公園を自分のゲッセマネの園と思うような心境になっていた。

……私もまたそこに一種のカルヴァリオの丘を見たが――四十年間まさしくひき裂かれていたのだ！

★

専門医の診察をうけると、自分という人間がたちまち人間のくずか、「創造」のかすのようにも、一介の清掃人夫のようにも見えてくる。自分の病気がなんであるか、これは知ってはなるまい。死因にいたってはなおさらだ。微に入り細をうがった診断というやつは、いずれにしても不敬なものである。なぜなら、それは死が、そして生そのものが隠しもっていると思われる、あの最小限の神秘を一言でもって奪ってしまうからである。

「蛮族」でありながら、温室のなかでしか生きられぬとは！

★

苦悩は私たちの土台を掘り崩すと同時に、慢心を増長させる。かくして、私たちの敵が私たちの防御を買って出るのだ。

★

ブレーキのきかなくなった祈り、破壊し、粉砕せずにはやまぬ祈り、「終末」を放射する祈り！

★

オプティミズムの発作に見舞われると、私は自分にいって聞かせる、わが人生はひとつの地獄、わが好みの、わが地獄であったと。

★

私に空気が欠けているわけではない。ただその空気をどうすべきか、なぜ呼吸しなければならないかが分からないだけだ……

★

死というものが均衡そのものであってみれば、生と不均衡とは区別することができない。つまり両者は、完全な同義語の稀有な一例である。

★

私が了解した一切のことは、一般論に格下げされた不安に帰着する。

★

熱狂は作品に生命を与えるが——その生命ははたしていつまで続くだろうか。情熱がさまざまの作品を生むきっかけになることはしばしば見られることだが、一方、病によって生みだされた作品は時代から時代へと生き残ってゆく。時間を越えた倦怠、冷静な嫌悪の永続性！

★

スペイン国境で、ほとんどスカンジナビア人ばかりの観光客百人ほどが税関の事務所の前で順番を待っていた。すると、見るからにスペイン人らしい、太った婦人に、一通の電報が届く。彼女は、電報を開くなり、自分の母親の死を知ると、わめくような声をあげて泣き始めた。あっけにとられて一部始終をみつめていた、この薄いブロンド髪の連中のように、自分の悲しみを隠したり、貯め込んだりはせずに、その場でただちに吐きだすことができるというのは、思うに、またなんというすばらしい神からの授かり物であろうか。それにひきかえ、あの連中ときたらいずれ劣らずお上品な態度と慎み深さとの犠牲者であり、やがていつの日か精神分析医のもとで、すっからかんになることだろう。

★

不幸な男を慰める最良の方法は、まぎれもない不運が彼につきまとっていることを請けあってやることだ。この種のお追従が試練に耐える男には最も役に立つものだが、それというのも、不運という観念は、選《え》りすぐりの惨苦ともいうべき神の選びを当然予想させるものであるからである。お世辞は断末魔の苦しみにさえ効き目がある。というのも、慢心はただ意識が消えてはじめて消えるだけであり、ときには意識の後にも生き残ることがあるからである。これに似たことは夢のなかで私たちのしばしば経験していることである。すなわち、夢のなかでは過度の称賛はきわめて強烈な作用を及ぼすから、私たちはその称賛を聞いて突然目を覚まし、有頂天になったり、恥じ入ったりする始末なのである。

人間が人間を忌み嫌う証拠が欲しいと？　群衆のなかに身を置けば、自分が死せるあらゆる惑星の連帯者であることがたちどころに感得できるはずだ。

★

まったくありきたりの唯一の行為である自殺は、どこをどう間違って、欠陥者の特性と化してしまったのか。

★

……心の拷問台に載せられて
こんな気違いじみた不安におののいているよりは……
あの死者と一緒の方がまだましだ(9)……

マクベス——わが兄弟にしてわが代弁者、わが使者にしてわがアルテル・エゴ。

★

白日のもとにおのれをさらけだすほど強靱なものでも、鳴りをひそめているほど弱いものでもない、悪しきひとつの原理、たとえていえば、おのれの夢みた悪という悪に、犯すにいたらなかった一切の残虐行為につきまとわれ、ついに不眠症にかかった悪魔、――そいつがおのが最深部に存在しているのを知る……

★

彼をくささぬ者はひとりもいないが、相手がだれであれ私は彼を擁護する。若かったころ、父親の屍体確認のため屍体公示所へ出頭を求められ、監視の目をかすめてまんまとそこにとどまり一夜を過すことのできた人間に、道徳的判断を下すことなど私にはとてもできた相談ではない。こんなあっぱれな行為をやってのけた者にはどんなことでも許されるのであり、彼がそう思ったのも当然のことである。

★

「あなたのためにお祈りをさせていただきます。」――「望むところです。でもそのお祈り、だれが聞くのでしょうか。」

★

この哲学者が「苦悩」について書いているのをみると、統辞法の問題を論じているのか、それとも第一感覚について、いわば感覚の女王について論じているのかどうか決して分かるまい。

★

有益な会話というものがあるとすれば、それは熱のさめてしまった熱狂者、かつての馬鹿者どもとの会話に限られる……やっと冷静に復した彼らは、自発的にしろ強制されたにしろ、あの幻滅の非個人的な変種ともいうべき「認識」に決定的に近づいた者たちなのだ。

★

だれかある人間から〈悪癖〉を、彼のかかえ込んでいる最も根深いものを取り除こうとするのは、とりもなおさずその人間の存在そのものに危害を加えることにほかならない。彼にしたところでそう思っているに違いない。なぜなら、君が彼のやり方ならぬ君のやり方で彼の解体を願ったことを、彼は決して許そうとはしないだろうから。

★

私たち人間が生きながらえているのは自己保存の本能からではなく、ひとえに未来を見ることができないからだ。未来を見る？　いや想像することさえできないのだ。もし私たちが私たちを待ちうけている一切のものを知ったならば、体面を捨ててまで生き続けようとする者などもはやひとりとしておるまい。未来の災厄というものはすべて抽象的なものにとどまっているからこそ、私たちはそれを自分のものとはなし得ないのだ。いや災厄が現実に私たちの上に襲いかかって来て、私たちにとって替ってしまったときでさえ、私たちは災厄を自分のものとすることはないのである。

★

歴史に関心を寄せるとはなんたる馬鹿げたことか！――でも「時間」に刺し貫かれてしまっている以上、どうすればいいのか。

★

他人を除き、私はどんな人間にも関心がある。立法者を別にすれば、私はどんなものにでもなれたであろう。

★

世人の理解を得られず、無視されているという事実には否定しようのない一種の悦びが結びついており、これは仕事はしたもののどんな反響も経験したことのない者ならだれしも身に覚えのあるものである。尊大な気味がないとはいえぬこの種の満足感は、徐々に失われてゆく。なぜなら、時とともにすべては危険にさらされるからであり、おのれ自身に抱いていた度はずれな観念でさえ例外ではないからだ。この観念こそは、永続性のあるものであれ、その場かぎりのものであれ、あらゆる作品の要因であるとともに、あらゆる野望の要因でもある。

★

さまざまの人間につきあった後でも、彼らについていまだにいささかなりとも幻想を抱いているような者は、再び生まれかわって観察し、見ることを学ぶように、すこしは世態人情に通じた者になるように、罰せられているに違いない。

★

生命の出現? それは一時の狂気、無分別といったものであり、諸元素の気まぐれ、物質の出来心というものだ。ある種の気まぐれの哀れな犠牲者たる個々の存在、不平をかこつのもむべなるかなと思われるのはただ彼らだけである。

★

東洋の影響をうけたとみられる本のなかで、著者は、自分は充実しており、「平静さに満ちあふれんばかりだ」とほのめかしている。——彼は、自分がどうしてそういう境地にいたったのかはっきりとは教えていませんが、その理由は簡単に分かりますよ。

★

生きとし生けるもの——彼らはいずれも例外なく神から見放された者たちだが、しかもこの事実を知らない。この私は知っているが、すると私は彼らよりも進歩していることになるのか。そうだ、進歩している。彼らよりもずっと苦しんでいると信じていい、い、る。

「この時よりわれを救いたまえ」と『キリストの倣び』は絶叫する。だが、「あらゆる時よりわれを救いたまえ」といった方がはるかに正確であろう。

★

ここ何年ものあいだというもの、私は自分を矯正しようと思って、Xのかずかずの欠点を調べあげてきた……彼はすべてのものを重要視していたが、これこそ自分のしてはならぬ唯一のことだと合点した。彼が身をもって示してくれた実例はつねに私の念頭を離れず、かず知れぬ熱狂から私を解き放ってくれたことか！

★

ジャクリーヌ・パスカルは、「人々の評価と記憶のなかで無と化したい」とまで思いつめつつあった兄ブレーズの進歩を称賛しているが、この一節に出会ったとき、なんという激しいショックに襲われたことか！

私ができれば歩みたいと思い、そしてときには実際に歩んできたのはこの道だが、しかし道すがら私はもがき苦しまねばならなかった……

★

不眠の夜が重なると、ときには武器を放りだし、奮戦を中断してしまうような瞬間があるものだ。すると心のやすらぎがやって来るが、これは見えざる勝利、かずかずの苦悩を経験した後の、この上ない報酬である。受け容れること、これこそ限界に耐える秘訣である。戦うことをあきらめたレスラーに比肩しうるものも、降伏のエクスタシスに値するものもないのである。

★

竜樹は稀にみる鋭敏な精神の持ち主であり、ニヒリズムさえ克服してしまった人間だが、彼によれば、仏陀がこの世に贈ったものは〈空無という神酒《ネクタール》〉である。最も抽象的な、そしてまた最も破壊的な分析のはてに、よしんば神々のものであれ飲物を引き合いにだすのは、一種の衰弱、譲歩ではあるまいか。――私たちはどんなに進歩したところで、人間であるという低劣さを、というか人間であったという低劣さをどこまでも引きずっているのである。

★

あの騒々しい晩餐の席で、私たちはあれこれの話題に打ち興じていた。と突然、微笑を浮かべたXの肖像が私の視線を惹いた。彼はいかにも満足そうで、その面貌からは光さえもれているではないか！　絵のなかでさえやつは相変らず幸福なのだ！　そう思うとやにわに彼が妬ましくなり、まるで彼が私の幸運を盗みでもしたかのように私は彼を恨んだ。やがてしかし彼が死んでしまっていることを想い出し、急に安堵と満足感を覚えた。

★

エピクロスは、彼のいわゆるアタラクシアの冠を祖国の利害への執着から犠牲にしてはばからぬ連中を嘲笑しているが、こうなると、私はますますエピクロスが正しいと思わざるをえない。

★

海を前にして、私は今昔に及ぶわが屈辱のかずかずを反芻していた。眼下に広大無辺の風景を見ながら、おのれにこだわるという馬鹿げた習性はいかんともしがたかったのである。そこで、私はすぐに反芻の主題を変えた。

★

真夜中に、まったくどうということもない本を読み耽っていて、突然もう何年も前に死んだひとりの友人のことを想い出す。彼の見解は私にとってはかけがえのないものだった。夜更けの時間をこんなことに費しているのを見たら、彼はなんといっただろうか。大切なものは死者の観点だけに違いない。なぜならば、どのような状況においてであれ真実を問題にすることができるとすれば、ただ死者の観点のみが真なるものであるからだ。

あたかも前世で世にも稀なる大罪を犯したかのように、ある種の後めたさを抱いて生を享けたならば、この世に生きてあるあいだ、まるで取るに足りぬ罪を犯しただけでも、悔恨は依然としてついて廻り、その原因も必然性も見定めることはできない。

★

下劣なことをしでかしてしまった後で、私たちはほとんどつねに茫然自失する。これはしかし不純な茫然自失だ。というのも、これを感じ取るや、私たちはよしんば相手が自分であるにしろ、かくも高貴な義憤を経験したことに鼻を高くし、胸をそらすからである。

★

書物は、それを書いた人間について、不完全なイメージしか与えない。なぜなら、言葉が姿を現わし生き始めるのは、その人間が最高の状態か最底の状態にあるときに限られるから。

★

つい今しがた時間の無限性なる言葉に思いあたったとき、けちな人間であるこの私ときたら、礼儀知らずにも卒倒することをしなかった。こういう決り文句に秘められているぞっとするものを残らず感知した後では、もう立ってなどいられないはずである。

★

ひとりの人間の、年齢もまちまちの写真を見ていると、「時間」が魔術師といわれるゆえんもなるほどと合点がゆく。「時間」の成し遂げる作用は、人をして啞然たらしめる信じがたいものであり、まさに奇跡だが、しかしさかさまの奇跡である。むしろこの魔術師は破壊者、「面貌」担当のサディスティックな天使である。

★

精神病院からXの電話がある。彼の話をききながら私はこんなことを考えていた――脳髄にはどんな手立ても講ずることはできない、それをもと通りにすることはできないし、損なわれた、あるいは手に負えなくなった無数の細胞に講ずる手立てなどありはしない。要するに「混沌」は修理ができないのだ、と。

野心家の身振りである、あの鬱積した、あるいは引きつった表情、これを見ると吐気をもよおす。それというのも、若かったころ、私もまた狂気じみた野心に骨がらみになっていたからであり、人生への門出にあたって私が負った烙印を、いままた他人の裡に見届けるのがたまらないからだ。

★

あらゆる曖昧な表現には例外なく深遠な部分ともったいぶった部分とがあるものだが、これをどう選り分けたものだろうか。明晰な思考はおのが誠実さの犠牲であって、おのれの限界を踏みはずすことはないが、他方、曖昧な思考はとどまるところを知らない。そして、うさんくささはあるが難点があろうとも思われない韜晦で尻尾をつかませないのである。

★

何時間ものあいだまんじりともしないでいると、一瞬一瞬はいかにも充実していると同時に、またいかにも空虚なものでもあるので、瞬間そのものが「時間」のライバルにでもなった気でいるようだ。

★

不幸にして、バカバカしいという思いに苦しんだことのない人間、深遠な思考を繰りひろげるのはこういう連中だけだ。

★

プリニウスによれば、自殺の能力は人生の諸悪のなかにあって「人間の浴した最大の恩恵」である。そして彼は、自殺の誘惑も、自殺の幸運も知らぬ神に同情を寄せているのである。

至高の「存在」がみずから死ぬ能力をもたぬがゆえに、その「存在」を哀れむとは！　これは比較を絶した、驚嘆すべき観念であり、この観念ひとつをもってしても、異教徒たちの、やがて彼らにとってかわるはずの熱狂者どもに対する優越性が確認できるというものだ。

★

知恵を語る者にしていまだかつてキリスト教の知恵を引き合いにだした者はいない。それというのも、そんなものは存在したことはなかったし、今後とても存在することはないからだ。無益な二千年。生まれる前にとことん有罪を宣告された宗教。

★

子供のころ、墓地から戻った父に聞いた話だが、幼い娘を亡くした若い母親が、墓のなかに棺が降ろされる瞬間、やにわに笑いだしたということである。この話を聞いたとき、私は激しいショックに襲われた。これは狂気の発作なのか。そうともいえるし、そうでないともいえる。なぜなら、埋葬に立ち会い、絶対的欺瞞の仮面がだしぬけにはぎ取られるのを見れば、だれにしたところでこの女と同じような振舞いに及びたくなるのではあるまいか。いずれにしろしかし、これはあまりにひどすぎる、これでは挑発も同然だが、どうやら自然というやつは無体なことをやってのけるらしい。哄笑にわれを忘れるのも分かるというものだ。

★

その原因をつきとめることのできる状態は稔り豊かなものではない。私たちを豊かにするのは、わけも分からずにやって来る状態だけだ。これは衰弱とか喜びとかいった極端な状態について特にあてはまることだが、こういう状態の場合、私たちの精神の完全性は脅かされているのである。

★

うめき声、間投詞、切れ端……こんなものを出版すれば、だれだって御安泰だ。かくして、作者は読者にくらべて劣った立場にいるのであり、そして読者はこの点で作者に感謝しているのである。

★

人はだれでも自分にふさわしい先祖を、自分から見て自分に説明のつくような先祖をわがものと主張する権利がある。この私ときたら、なんど先祖を変えたことか！

★

怠惰は冗漫さから私たちを救い、したがってまた、生産につきものの恥知らずの行為からも私たちを救ってくれる。

★

だれかある人間を厄介払いしたいと思うと、その人間を〈ペシミスト〉といって批難するのがあの老哲学者の常套手段だったが、まるで〈バカ野郎〉といっているようなものだった。彼にとって、ユートピアを毛嫌いする者はだれであれペシミストだった。そんなわけで、らちもない話に同調しない者はだれかれの差別なく、これを名誉刑に処したのである。

★

およそ体系と名のつくものならばどんな体系でも、これをぶちこわすことに手を貸すこと、これはどんな形式をとるにしろ、思考のために思考することを断じて諾《うべな》わず、ひたすらその場その場に応じて思考する者が遂行していることだ。

★

「時間」は生きとし生けるものを蝕むばかりか、おのれ自身をも蝕む。あたかも存在し続けることに飽き飽きし、その最良の分け前たる「可能事」にもうんざりして、それを根こそぎにしたいと願っているかのようだ。

★

あの世などというものはない。いやこの世そのものさえ存在しない。それならいったい何が存在するのか。両者の明白な不在が私たちの内部に誘いだす内面の微笑、これだけである。

★

陶酔にはどれほど用心してかかってもしすぎることはあるまい。陶酔が続けば続くほど、ますます用心をおこたってはならない。それはほとんどなんらの根拠もなく突然はなばなしく姿を現わすが、確かな理由はおろか、わずかな口実すら見当らないのである。こんな陶酔を楽しむよりは、むしろそこにひとつの前兆を、警告を看て取るにしくまい……

★

選択をせまられているかぎり、私たちは不安である。いったん選択の可能性そのものを除去し、選択の自由を誤謬と同一視するならば、私たちはたちまち局外者《ノン・アフィリエ》の至福へいたる道をたどることになる。このとき、あらゆる抗争は根拠とてない馬鹿げたものに見えてくる。いったいだれのために、また何のために戦い、苦しみ、自分をさいなむのか。だが人間とは道をあやまった動物であり、懐疑に骨がらみになり、他人を攻撃することにもはや悦びが感じとれなくなると、自分に向きなおり、仮借なく自分を苦しめるのである。人間は懐疑を深淵に変え、懐疑論に陰鬱な調べをもち込んでは、パスカルのひそみに倣って、判断停止をひとつの絶望的な問いに変えるのである。

★

友情とは一個の契約、ひとつの協定である。二人の人間が、おたがい相手についてかけ値なしに考えていることを決して口外せぬと暗黙の約束をかわすのである。いわば手心からなる同盟のようなものだ。一方が他方の欠点を公然と指摘するようなことになれば、契約は破棄され、同盟は解消される。どんな友情も、当事者のひとりがルール通りに振舞ってはじめて持続するのだ。いいかえれば、どんな友情も過度の率直さには耐え得ないのである。

★

私は二十歳そこそこ、話相手の哲学者は六十歳を越えたところだった。どういうきっかけで話題が病気という不快なことに及んでしまったのかは分からないが、哲学者は私に打ち明けたものである。「最後に病気をわずらったのは十一歳のときだったに違いない。以来、病気知らずですよ。」無病息災の五十年！　この哲学者に手放しに敬服していたわけでは決してないが、この告白を聞いてたちまち軽蔑せざるを得なかった。

★

ユーモア作家たちを除けば、私たちは例外なく間違っている。一切の深刻なものの空しさにとどまらず、一切の軽薄なものの空しさをも、いともやすやすと見抜いたのは彼らだけだ。

★

街での食事の招待に応ずるように、つまり不快を楽しむように死を受け容れる。そうなってはじめて、私は自分自身と折り合いをつけることができるかも知れない。

★

大災厄を告知するためか、それとも相手が目をまわすようなお世辞を述べるためでなければ、だれであれ邪魔立てすべきではあるまい。

★

「やれやれやっと厄介払いができた！」と歌でもうたってしかるべきなのに、人が死んで嘆くとは気でもふれているに違いない。

★

一個の役立たずの例外、気にかけてくれる者とていないひとりのモデル――われながら一段ときわだった人間でありたいと思うなら、希求すべきはこういう地位だ。

★

懐疑家は、必要やむを得ないとあらば真理の存在を認めるが、しかしだからといって、いつの日にか真理を手に入れることができると信じ込む錯覚を懐疑に無縁の人々から奪うことはあるまい。懐疑家は言明する、「私はといえば、外観だけで十分であり、私はそれらの存在を確認しており、そして生ける存在として他にどうしようもないかぎり外観に固執しているだけだ。私は他の人々と同じように行動し、彼らと同じような行為をしているが、だからといって、自分の言葉と行動とを自分自身と考えているわけではない。私はさまざまの習性、さまざまの法則に従い、わが同胞の抱いているさまざまの信念、つまりは固定観念を共にしているような振りをしているのであり、要するに、私もまた彼ら同様ほとんど非実在的なものであることは百も承知の上なのだ。」

してみると懐疑家とはそも何者なのか。――ひとつの幽霊、慣例遵守の幽霊である。

★

決して死ぬはずがないかのように生きるべきだ――これが君の口癖だった。してみると君は、すべての人間が、「死」に憑かれた者でさえ例外なくこのように生きていることを知らなかったのか。

★

彼の衰弱に立ち会い、かつては幻覚者であった者の、さもありなんと思われる本を眺める！

自分の生涯もこれまでと思うことに私たちはさほどの困惑を覚えはしない。だが、今後も生きながらえてゆくことにある種の悦びを見出している事実は、決してこれをあからさまに認めようとはしないのである。そして大部分の人間は、このひそかな、おぞましい満足感を感じ取っているのである……

★

原罪を否定することは、今まで一度も子供を育てたことのない証拠かも知れない。

……なるほど私は子供を育てたことはないが、しかし私たち人間の最初の烙印について、いささかも疑念をもたぬためには、私自身が子供であったときのさまざまの反応を想い起こすだけで十分である。

★

あんなにも傷つきやすい人間、あの皮をはがされた人体模型は、自分の子孫がかずかずの不安な徴候をみせはじめていることに驚いているが、これは理解を絶した無知というものだ。繊細な人間は子供をつくるべきではあるまい。あるいはつくるにしても、どんなほぞを嚙むことになるかぐらいはすくなくとも知っておくべきであろう。

★

★

私たちは倦怠のなかに、そして倦怠によって生の価値を見分けるが、生とは倦怠以上のものでもあれば、それ以下のものでもある。私たちが倦怠に捉えられ、その見えざる覇権に屈するや、たちまち他の一切のものは無意味なものに見えてくる。おそらく、この間の事情は苦痛の場合も同じであろう。だが苦痛はその場が限定されているのに対して、倦怠は、場所も支えもないある種の病を、私たちを腐食させる、あの識別不可能な無以外のなにものでもない病を惹起するのである。それは純粋な腐食作用であり、その効果は知覚できず、私たちを徐々に変容し、ついには他人も、いやほとんど自分ですら気づかぬ見るも無残な人間と化するのである。

★

屍体が頭にこびりついて離れなくなったからといって、性欲がさまたげられるわけではない。反対だ。仏僧のように、事態を明晰に見てとることもできるし、ある種の活力の失われていないことを示すこともできる。このように、屍体の妄執と性欲とが不思議に両立しうるものであってみれば、禁欲によって自己実現を果たすなどという主張が嘘っぱちであることは明らかだ。

★

抽象的で、型にはまった、〈文学的〉眩暈から幸いにも私たちを守ってくれるのは、私たちのもろもろの病である。だがそのかわり、病は本来的な意味の眩暈を私たちに与える。

★

悪魔という悪魔が、寄ってたかってもかなわぬような瀆神の言葉を吐き、それでいてさまざまの器官に、肉体の、つまらぬ模倣作品の気まぐれに、虐待されているとは！

★

苦しんだことのない者は存在ではない、せいぜいのところ個物だ。

★

「死」を見下しているそのかぎり、私たちはとてつもなく思いあがっている。これに反し、恐怖におぞ気をふるって「死」をみつめるとき、私たちは、例えば哲学を、態度を、虚妄を拒否するときまってそうであるように、はるかに真実であり、深遠なのである。

★

散歩の途中たまたまある女友達に逢ったが、彼女が〈神的なもの〉はあらゆる被造物のなかに例外なく宿っているということをなんとかして私に納得させようとしたので、私は通りすがりの、みるからに下品な女を指さしながら、「じゃ、あの女のなかにもね」と反論した。彼女は答えに窮したが、ことほど左様に、神学や形而上学が卑小な事実の権威の前ではまるで形なしなのはまぎれもないことなのだ。

★

放下《ほうげ》の萌芽を別にすれば、私たちの内部には良し悪しにかかわりなくありとあらゆる萌芽がある。そうだとすれば、私たちがさまざまの事物におのずとしがみつき、それらを放棄するには英雄的行為が必要だとしても、どうして驚くことがあろうか。もし放下の能力が私たちに与えられていたならば、私たちには生きることに同意してやる以外になすべき努力はなかったであろう。

★

加担するかそれとも加担を唾棄するか、ひとつの教義に与するかそれとも教義と名のつくものはすべてひっくるめてこれを拒否するか——両者いずれの場合にも同じ思い上がりがあるが、ただし次のような相違もある。すなわち、信念とはあらゆる恥辱の原因であるように、ほとんどあらゆる逆上の原因でもあるから、後者よりも前者の場合にこそおのれを恥じねばならぬ危険ははるかに大きいのである。

★

「君の本は失敗だね。」――「多分ね。でもぼくがそう望んだということを君は忘れているし、この本が失敗というかたちでしか成功しないってことさえ君は忘れているよ。」

★

十歳か三十歳で死ぬより六十歳か八十歳で死ぬほうがずっとつらい。生への慣れ、これが問題だ。というのも、生とはひとつの悪癖、それも最大の悪癖なのだから。そうであればこそ、生を厄介払いするのがあれほど難しいのである。

★

すべてのものに、神や自分自身にさえ満足するようなことがあると、私は、たとえば晴れ渡った日に、この太陽も数十億年後には必ず爆発するに違いないと心配する人間のように、すぐさま反発するのである。

「真実とは何か」とは根本的な問いである。だが「生にいかにして耐えるか」という問いにくらべれば、この問いなどなんであろうか。そして後者の問いでさえ、「いかにして自分に耐えるか」という問いにくらべればまるで精彩を欠いてしまうのである。——これこそ、だれにも答えられぬ重大な問いなのだ。

★

明日をも知れぬあの病人の枕辺で、こともあろうに私はパッシー墓地への散歩と、仕事中の墓掘人夫とそこで交した会話のことを語りはじめたが、これはまたなんとうかつなことであったことか。冗談の途中で私ははたと口をつぐんだが、かえって私のおしゃべりの無作法ぶりはきわだつばかりだった。この種の話題について話すことができるのは、私たちが祝宴を催し、食欲をいっそうかき立てるために何かしら死の暗示を必要とする食卓についているときに限られる。

★

私たちの記憶が崩れ去った後にも生き残るに値する瞬間があるとすれば、それはただひとつ、私たちが「最初の者」でも、あるいは「最後の者」でもないことが許せないような瞬間である。

★

あの哲学者ときたら自分自身の選択などおかまいなしに、相矛盾するさまざまの抗議文に名をつらね、対立関係にあるさまざまの政党、集団、あるいは主張のために、同時に、あるいは続けざまに署名している、といって批難した者たちは、哲学というものがまさにかかるものでなければならぬということを忘れている。というのも、他の人間がもちだすさまざまの理由が理解できないなら、哲学にうつつを抜かすことなど無益なことなのだから。争いあっている二人の敵のうちの一方だけが正しいなどということは、まずもってありえない。私たちが誠実な人間で、二人のいい分を順番に聞いたなら、よしんば風見鶏にみえようとも、つまりあまりに哲学者にすぎるおそれがあろうとも、それぞれの申し立てる明白な事実はこれを是とするのである。

★

他人についてどう考えるべきか。——だれであれだれかと知り合いになるたびに、私が自分に課すのはこの問いだ。人間が存在するということ、そして存在を諾っているということは、私にはかくまで不思議なことに思われるのである。

植物園で私は一匹のアメリカ鰐の目を、太古以来のその目差しをじっとみつめていた。爬虫類が私を惹きつけるのは、石にもみまがう彼らの鈍麻ぶりである。いわば彼らは生命以前にやって来たかのようであり、それと予告することなく生命に先行し、生命を回避してさえいたかのようである……

★

「悪とは何か。現世の幸福を得ようとしてなされることだ。」

『阿毘達磨倶舎論』(10)

★

このような回答を容認するためには、まさにこの種の表題が必要であった。

★

「地獄」で最も過疎な、しかし最も耐えがたい圏は、かたときたりとも「時間」を忘れることのできない圏であるに違いない。

★

「いつの日にか私はもはや存在しないからには、私がだれであるか知ることなどどうでもいいことだ。」――みずからの同一性について思い悩み、ひとつのカテゴリー、あるいはひとつの定義のなかになんとしてでも自分を閉じ込めたいと願っている者に向かって、私たち各人がもって答えとすべきはこれである。

★

一切は無だ。無の意識とて例外ではない。

★

神秘にして深遠、複雑にして捉えがたく、すべての点において、失墜においてさえ昔も今も卓越しているあの民族は、おのれにふさわしい終末を迎え、あっぱれなかずかずの災厄を経験することだろう。

★

ホメーロスは人々の恨みを買ったが（ヘラクレイトスさえホメーロスは鞭打ちの刑に値すると断じている）、それというのも彼は直言をあえてしたからであり、また彼の神々は死すべき人間どもとつゆたがわず、まぎれもない極悪人として振舞っているからである。神々から血の気を奪い、その粗暴ぶりを矯めて礼義正しい存在に仕立てあげる哲学はまだ生まれていなかった。若く、意気さかんな神々は、不吉なものへの情熱を人間と共有していた。歴史が証言しているように、神話学の夜明けこそ、私たちが最も怖れなければならないものである。疲れはてた、しかも永遠の神々、これこそが願わしいものだろう。だが不幸にも、今や狂暴にかわって倦怠の現われた段階に達してしまったからには、神々の余命はいくばくもあるまい。活力にあふれた、冷酷な他の神々が彼らにとってかわるだろう。かくて私たちは静穏な世界から陰惨な世界へ、休息から叙事詩へと再び失墜するのである。

★

いまわしきクリーオー！

★

私たちが存在したという偶発事などもはやだれひとり覚えてはおるまい、どんな拷問者もいまだかつて夢想だにしたことのないさまざまの刑苦を好んで求めた自我の痕跡など、ひとかけらも残ることはあるまい、と考える。この考えは、しかし決して嘆かわしいものではない。

★

生きることができるのはただ未来と過去、不安と悔恨のなかのみであって、今この瞬間のなかに生きることはできない！　ところで、神学者たちの見解は明白であり、まさに右の事実こそ罪びとの条件でもあれば、定義でさえあるのだ。すなわち現在なき人間。

★

出来する一切のものは当然のものであると同時に、不可解なものでもある。大事件を、あるいは瑣末な事件を考えるにしろ、これが不可避の結論である。

★

ファルサロスの戦いから一夜明けた日の、ローマの一共和主義者の気持で、毎朝、目を覚す。

★

言葉の、あえていえば理性の行使をも失ってしまうほどの、嫌悪につづく嫌悪。わが人生の最大の功績は、いまだに生きてあるということだ。

★

波が思考し始めたならば、自分にはひとつの目的があり、自分は前進し、進歩しているのであり、

「海」のために働いているのだと信ずるかも知れない。そして、その熱意におとらず馬鹿げた哲学を間違いなくデッチあげることだろう。

★

おのが存在のありようをあやまたず知覚したならば、どうやらまだ床に就くだけの勇気はあるだろうが、おそらく起きる勇気はあるまい。

★

じたばたもがくのはやめにしようというただひとつの意図のもとに、私はつねづねじたばたともがいてきたが、その結果たるや無である。

成熟するとは、おのが支離滅裂な言動の悪化に立ち会うことにほかならず、これのみが誇ってしかるべき唯一の進歩であるが、この事実に無知なる者こそは幸いなるかな。

★

私がこれまで手がけてきたもの、駄弁を弄してきたものはすべて例外なく私が経験したものと切り離すことはできない。私の発明したものはなにもない。私は、おのが感覚の秘書にしかすぎなかった。

IV

エピクテトス曰く、「幸福とは財貨を手に入れることでも享楽することでもなく、欲望をもたぬことである」と。——もし知恵というものが「欲望」との対立によって定義づけられるとすれば、知恵のめざすところが私たちをして、日常的なさまざまの失望にとどまらず、深刻な失望にも動ぜぬ者にすることにあるからであり、そしてこれらの失望が、欲望し、期待し、希求するという事実からいずれも切り離すことのできないものであるからである。知恵というものが〈運命の仕打ち〉に立ち向かう技、というかそれに耐える技をもって専門とするものであるからには、なかんずく重大深刻な失望からこそ私たちを守りたいのである。あらゆる古代人のなかで、この技を果てまで押しすすめたのはストア学派の人人であった。彼らの言葉を信ずるならば、賢者は宇宙において例外的な地位を占めている。すなわち、神々は悪を免れた存在であるが、賢者は悪を超越しており、おのれの一切の欲望を克服することのできるある種の力を与えられているのである。神々はいまだにおのれの欲望に囚われて隷属状態のなかに生きており、ただひとり賢者だけが欲望から自由なのだ。それなら、賢者はいかにしてこんな並はずれたものになることができたのか、あらゆる存在を凌駕するまでにいたったのか。賢者が、その地位の重要性を最初から見てとっていたとは思われない。なるほど彼は人間や神々を超越してはいるが、彼がこの事実に気づくにはなお暫時待たねばならない。賢者にとってもおのれの立場を理解することは容易ならぬことであり、私たちにしてもこの事実を認めるのにやぶさかではない。それというのも、これほど常軌を逸した異常に、有徳と矜持とのこのような見本に、いつどこでお目にかかったのやらさだかではないからである。セネカの主張によれば、賢者は、現世のさまざまの利益を蔑視しうる特権と、その恩恵に浴することを拒否する特権とにおいてユピテルにまさっており、それにひきかえ、現世の利益などいささかも必要とせず、そんなものは苦もなくうち捨ててしまうユピテルには、これらの利益を克服する機会もなければ、功績もないのである。

かつて人間がこれほど高い地位に置かれたことはなかった。これほど極端な考えの起源は、これをどこに求めるべきなのか。——キプロス島生まれの、ストア哲学の父ゼノンはギリシア化したフェニキア人であったが、生涯、在留異国人としての身分を失うことはなかった。キニク派（ストア哲学は、これに改良を加えた解釈、いやむしろ歪曲した解釈といってよい）の創始者アンチステネスは、トラキア人を母としてアテネに生まれている。これらの教義のなかには非ギリシア的なものが、ギリシア以外の地平に生まれた思考と生活のスタイルがあることはきわめて明白である。先進文明のなかにあって人々を驚愕せしめるもの、全体とそぐわぬものはすべて例外なく、新来者の、移住者のもたらしたものであり、人々を惑わすことにかつえた辺境者の、洗練された泥棒連中の、もたらしたものでさえあるといいたくなる。

キリスト教の到来とともに、賢者はひとつの範例ではなくなった。人々は賢者にかえて聖者を尊敬しはじめたが、聖者とは賢者の痙攣性の変種であり、したがって、大衆にとってはずっと近づきやすいものであった。ストア哲学は、その威光、その伝播にもかかわらず、洗練された人士の専有物、貴族たちの倫理にとどまった。彼らの退場とともに、ストア哲学もまた姿を消さねばならなかった。知恵の崇拝は、長いあいだ、ほとんど永久に姿を消すことになった。いずれにしろ、私たちは現代のさまざまの体系のなかにこれを再発見することはないのであり、現代の体系はそのいずれもが、反賢者よりはむしろ非賢者によって抱懐されたものなのだ。

★

背教者ユリアヌスが三十二歳で死なずに、高齢にまでいたったならば、彼は、当時生まれつつあった迷信の息の根をとめることができたであろうか。これは疑わしい。彼自身も疑わしいと思っていたに違いない。なぜならば、もし迷信の息の根をとめることができると信じていたならば、目の前にはるかに重要な戦が控えているというのに、パルチア人相手の戦に出かけてゆき、おろかにも自分の命を危険にさらすような真似はしなかったであろうから。おそらく彼は、自分の企図が失敗に終るものと感じていたのだ。どうせ死ぬなら、帝国辺境のどこで死のうとかまわぬではないか。

チェーホフが最も多くの書き込みを加えたのは、マルクス・アウレリウスの本であったということを彼の伝記で読んだところである。

これはひとつの啓示におとらず私に満足を与えてくれる事実だ。

★

私たちが原因で出来する事態もあれば、そうでない事態もあるが、これをどう区別したものか、私には分からない。

ときには、おのれの行為の一切に自分は責任があると思うときがあるが、ところがよく考えてみれば、私はある種の衝動に従っていただけで、その衝動を掌握していたわけではない。——またときには、私は自分が条件づけられ、隷属状態にあるものと思っているが、しかし実際には、あらゆる強制、合理的なものとさえ思われるあらゆる強制とはかかわりなしに抱懐した論理に従っているだけなのである。

人間は、いつ、いかにして自由であるのか、また、いつ、いかにして操られた存在であるのか。これを知ることはできない。ある行為がなされた際、その行為の厳密な性質を確認するために、その都度反省してみたいと思っても、結論に達するよりは眩暈に逢着するのが落ちだろう。以上の点から、もし自由意志の問題に解決がもたらされるとすれば、哲学にはなんらの存在理由もないと結論づけることができよう。

★

滅び去るべき一切のものを、私たちにとって重要な一切のものを除去しなければ、私たちは永遠というものを理解することはできない。永遠とは不在であり、存在の機能はなにひとつこれを果たしていない存在であり、何かに仕立てあげられた欠如であり、したがってそれは何ものでもなく、というかせいぜいのところ敬すべきひとつの虚構である。

★

真のエクスタシス同様、軽いエクスタシスともいうべき陶酔もまた自然の現象ではなく、ひとつの逸脱、ひとつの偏向《エレジィ》であり、常軌逸脱の一状態、しかし望外の一状態であり、それ相当の犠牲を払わねばならないものである。私たちが陶酔を経験するとき、おそかれはやかれ、しかしいずれにしろ決まって〈償い〉を覚悟しなければならないのはこのためだ。どのようなかたちであるにしろ、欣喜雀躍には、程度はまちまちながら頭痛が、嘔吐が、あるいはこれらにおとらず惨めなもの、下劣なものがついてまわるのである。

★

私たちの精神の未完成を示す否定しがたい証拠がある。すなわち、非難に対する熱狂的な一切の反応と、なんらかの非難を浴びた瞬間に感じとるあのショックである。これは私たち各人の内部に存在する古きアダムの発する叫びであり、私たちがいまだにおのが起源を克服していない証拠である。蔑視されることを望まぬかぎり、私たちはほかでもない、自分たちが蔑視している者たちとなんら変ることのない人間なのである。

★

Xは事物を直視するかわりに、これまで終始一貫さまざまの概念をたくみに操り、抽象的な言葉を濫用してきたが、その彼がいまやおのれ自身の死に直面せざるをえなくなり、窮地に陥っている。彼にとって幸なことに、彼は習い性となった抽象のなかに、専門用語で飾り立てられたさまざまの決まり文句のなかにのめり込んでいる。威厳に富む手品、これこそ哲学というものだ。だが要するに、すべては手品なのだ。ただし、この断言そのものは例外である。それというのも、この断言は、検証不可能な確信から派生し、いわば脳髄の閲歴以前に存在するがゆえに、だれもあえて問題視することのないさまざまの命題の性質をおびているからである。

★

冬、開門まもないリュクサンブール公園、一組のカップルを除けば、ほかに人影はない。男はやせた、精力的な老人であり、女の方は若く、農家の娘のように見える。霧が深くたちこめていて、近寄ってもぼんやりとした影のようにしか見えない。二人は十歩あるくごとに立ちどまり、身を寄せあっては夢中で抱擁するが、こんな熱烈な抱擁にはいまだにお目にかかったことはない。朝早く、愛情を吐露するにはまったくもって不向きなこんな時刻に繰りひろげられるこの熱狂のなかにあるのは、悦びなのだろうか、絶望なのだろうか。彼らがその情熱を戸外でこのように爆発させているとすると、部屋のなかの水いらずの二人をどう想像したらよいのか。彼らの後を追いながら、私は思ったものである——二人で行なうアクロバットはいずれも例外なく誤りであり、欺瞞であるが、しかし例外的な欺瞞、分類不可能な誤りであると。

★

真夜中に動きまわり、ありとあらゆる運動をやってのけ、さまざまの錠剤を呑む——なぜこんなことをするのか。意識というあの現象の、あの不吉な幽霊の、消えてなくなることを願ってのことだ。眠りのなかに呑み込まれる（s'engouffrer）などという表現を発明することができたのは、意識をもった存在だけであり、不具者だけだ。なるほどそれは深淵（gouffre）には違いないが、稀有な、到達不可能な深淵であり、禁じられ、閉ざされた深淵であって、そこに呑み込まれたいという私たちの願いのなんと切なるものであることか！

★

若かったころ、私は一切の転倒を夢みていた。いまや私は、もはや転倒するあたわず、逆に転倒される年齢である。この両極端のあいだに、いったい何が起こったのか。取るに足りないことではあるが、しかしまた一切でもあることだ。すなわち、人はもはや同一の人間ではなく、今後もまた決して同一の人間ではあるまいという、あの言表しがたい明白な事実である。

★

だれであれひとりの人間が死ねば、その人間とともに世界は消えうせる。すなわち、その死と同時に、一切が抹殺されるのだ、一切が。これこそ死を正当化し、その名誉を回復させる至上の裁きである。だからいさぎよく旅立とうではないか。なぜなら、私たちの意識だけが唯一かけがえのない実在であり、私たちの後に生き残るものはなにもないのだから。意識が消滅すれば、一切は消滅する。よしんばこれが客観的な真実ではないことが分かっているにしても、そして事実、私たちに続いて死ぬことを諾うものも、私たちとともに消えうせてくれるものもなにひとつないことが分かっているにしても、意識が消滅すれば、一切が消滅するのである。

★

公園でこんな看板を見かける、「木々の状態（年齢と病気）のために移植が行われています。」こんなところにさえ、世代間の抗争があるのだ！　一本の樹木にとってさえ、生きるという単純な事実には寿命係数がついているのである。だから私たちが満足して呼吸できるのは、自分が生きていることを忘れているときだけなのだ。

★

回心の物語ほど私たちを発奮させるものはない。強精剤にかえて、私たちは幻視家たちの告白を、生まれ変った者たちの告白を処方すべきであろう。すべて新しい絵空事のなかには、いや、古くさい絵空事のなかにさえ、なんという活力が、幻影に対するなんという嗜欲が、輝きがあることか！　これに反し、一切のものは真実に触れると輝きを失い、有害なものと化するが、あたかも真実の役目とは、私たちをしてなすすべもない状態に陥れることにあるかのようだ。

★

中国では、時計の音に注意深く耳をかたむけることは、繊細な人々にとって微妙この上ない悦びである（というか、かつてはそうであったようだ、というのも、ここにはすべてに過去の臭いが感じられるからである）。この、「時間」に対する一見物質的なものと思われる注意は、実は高度な哲学的訓練なのであり、これに没頭するならば、さしあたって――ただしさしあたってのみ――驚くべきさまざまの結果を手に入れることができるのである。

★

「倦怠」、「時間」に対する妄執の、この腐食性の産物は、花崗岩さえ腐食させてしまうだろう。そして私ごとき出来損ないに、「倦怠」に立ち向かうことが求められているのだ！

★

今では自分の人生の一時期全体がほとんど想像不可能なもののように見えるが、私にとってそれはかくまで無縁なものと化してしまったのである。この私がどうしてあのような人間でありえたのであろうか。当時の逆上ぶりが今では馬鹿げたものに見える。無益に浪費された熱狂。

もしこのような見方を自分の人生全体に敷衍したならば、私はおのれの経験した一切のものを欺瞞か冗談とも、あるいは不可解なものとさえみなすことになるのではあるまいか。そして例えば、死の瞬間にこのような自覚をもったとしたら？　だが死の瞬間を待つまでもなく、私たちはある種の覚醒のおかげで、生存の土台はそれを覆う外観におとらず脆弱なものであることに気づくのであり、それればかりか土台などもともと存在しないのだから、それが腐ってしまったとみなす手立てすらないことに気づくのである。

★

結局のところ、誠実な人々が「死」を見たくないと思うのは当然のことである。なかんずく、「死」を見ようとやっきになっている連中の状態が分かっているときには。

★

私たちは肉体を忘れるが、肉体は私たちを忘れることはない。なんとおぞましい器官の記憶よ！

★

服従と恐怖に対するわが嘆きの、なんと変らぬことよ！

禁欲の狂宴《オルジイ》にわが身を投ずることができたなら！

★

言表可能なものは実在性を欠いている。存在しているのは言葉にならぬものだけであり、それだけが重要なのだ。

★

作者についてかたときたりとも疑問を抱かずに読める本、かかる本にこそ禍のあらんことを！

★

ニーチェは自分の〈本能〉と〈嗅覚〉とを誇っていたが、ドストエフスキーのような人間の重要性を感じ取っていたにしても、逆にまたなんと多くの誤りをおかし、二流、三流の多くの作家たちにどんなに心酔していたことか！　驚くべきことに、彼もまたシェークスピアの背後には哲学者のなかでも最も詩人らしからぬベーコンが潜んでいるものと信じていたのである。

ニーチェのおかしたありとあらゆる失策のリストを作ったならば、それらの失策が数においても由々しさにおいてもヴォルテールのそれに匹敵することがすぐにも看てとれよう。もっともそうはいってもニーチェの場合、情状を酌量しなければならない。つまり、ニーチェは軽佻浮薄たらんとする意志、あるいはそう見せようとする意志によってしばしば間違いをおかしたのに対して、ヴォルテールにはそんな努力をする必要はなかったからである。

★

思考するとは不安を追いかけることであり、仰々しい益体もないもののためにおのれを苛むことであり、殉教者流の渇望を抱いて抽象のなかに閉じこもることであり、他人が崩壊あるいは勝利を追求するように、錯綜を探し求めることである。思想家とは、定義上、苦悩に目がない者の謂である。

★

死が一種の解決でなかったら、生あるものはおそらく死を回避するなんらかの方法をみつけだしたことであろう。

★

ピタゴラスと同時代に生きていたクロトンのアルクマイオンにとって、病気は、私たち人間を構成している温冷、乾湿といったような相反する諸要素の均衡の破綻によってもたらされるものであった。これらの要素のひとつが他を圧倒し、のさばるようになると、病気が生まれるのだ。したがって病気とは、彼もいうように、これら諸要素のひとつの〈君主制〉にほかならず、一方、健康とはこれらの要素の平等の結果なのである。

これは正しい考えである。なぜなら、なんらかの不均衡が存在するとすれば、それはかならずあるひとつの器官の、他の器官を犠牲にした過度の優位性から生まれるからであり、ひとつの器官が自分に課した野望から、おのが存在を主張し、がなり立てんとする野望から生まれるからである。この種の器官はひと目を惹こうとして、さんざんに暴れ廻っては、ついには有機体全体の調和をかき乱し、その未来を危険にさらすのだ。病んだ器官とは、肉体から解放され、肉体を支配する器官であり、肉体を破滅させるとともにみずからも破滅する器官である。そしてそれもただひとえに、おのれをみせびらかし、おのれをスターに仕立てあげるためなのだ。

★

死は生の目的である、というのは無意味である。だが、ほかにどのようないいようがあるのか。

★

最後の欲望を克服する瞬間を想い描こうとする。

神が〈自我〉の独占をつづけずに、私たちに個人の資格において語るのを許してくれたことはかえすがえすも残念だ。〈私〉の重荷を私たちから取り除くことなど朝めし前のことであったろうに！

★

「自分の進むべき道を探すかわりに、自分の好みに従うこと。」
タレーランのこの言葉が私にとりついて離れない。ここ数年来というもの、私は自分の〈好み〉に真向から異議を唱え、私の本質とは無縁の、かずかずの知恵の言葉に思いを寄せては、性向の赴くがまま自分自身の好みに血道をあげるどころか、おのが悪しき傾向を骨抜きにしようとやっきになっているのである。私をそそのかしたのはひとりの誘惑者、救済の天才だが、稀にとはいえそいつに屈したことで私は、昔も、今後とても変りようのない私という人間の衰弱に可能なかぎり手を貸したのだ。

私たちは、自分のありとあらゆる欠点を糾合し、さまざまの弱点と一体となり、自分の〈好み〉に従ってはじめて自分なのだ。自分の進むべき〈道〉を探しはじめ、なんらかの高貴なモデルを自分に課するや、私たちはみずからを台無しにし、道を踏みはずすのである。

★

ひとりの人間の独創性は、その人間に独特のうろたえぶりと切り離すことはできない。不干渉をこそなによりも尊重すべきだ。すなわち各人をして、思うがままに生きかつ死なしめよ、あたかも自分が祝福された怪物であり、だれにも似ていない幸運に浴している者であるかのように。余人をしてあるがままにあらしめよ。そうすれば、彼らは君に感謝するだろう。なんとしてでも彼らの幸福を願うというのか。そんなことをすれば、彼らは復讐するだろう。

★

どんな才能にも邪魔だてされないその限りで、私たちははじめて本物なのだ。

★

私たちはあれこれの決断ができなかった不甲斐なさを悔むが、しかし、どんなものであれひとつの決断をしたときの悔みはもっと激しい。行為によってもたらされるさまざまの結果を見れば、むしろ非行為こそ願わしい！

★

シリア人のイサク[11]にこんな言葉がある。「完璧の域に達した者たちについていえば、次のような点が彼らの特徴である。つまり人類への愛のために、一日に十回火炎に投じられなければならぬとしても、それでも彼らは十分ではないと思うであろう。」

すぐにもわが身を犠牲に捧げ、あらゆる人間、爬虫類にさえ祈りを捧げていたこれらの隠者たちには、なんという高潔さが、なんという倒錯があったことか！　そしてまたなんという気晴らしが！　生きて動いているすべてのものにもれなく同情を寄せるためには、ありあまる時間を、狂人の好奇心をもっていなければならない。禁欲——一種崇高な病的嗜好……

★

どんな病者といえども、思考において思想家を越えている。病気とは分離であり、したがって反省である。それはつねに何ものかから、そしてときには一切のものから私たちを切り離す。白痴でさえ激烈な痛みの感覚を感受する点で愚かしさを越えている。彼は自分の感覚を自覚しており、感覚の外に存在しているのであり、そしておそらく、苦しんでいるのは自分であると感ずるときには、自分自身の外に存在しているのだ。おなじように、動物のなかにも、彼らの苦しんでいる疾患の強度に応じて、意識のさまざまの段階があるに違いない。

★

一個の肉体の運命ほど不可思議なものはない。

★

時間に絶対的な意味があるとすれば、ただ廃疾者にとってだけだ。

★

何ごとも定義づけぬこと、これは懐疑家の守るべき義務のひとつである。だが私たちは、どんな些細なものであれ、たまたま定義をみつけだすとたちまち尊大な態度を示すが、これ以外にどんな態度をとることができようか。定義づけることは最も根深い偏執のひとつであり、それは最初の言葉とともに生まれたに違いない。

★

結局のところ、哲学はそれほど見下げはてたものではない。多少なりとも客観的な真実の下に身を潜め、一見、私たちにはかかわりのない苦悩のかずかずをさらけだし、正体不明の不安を培養し、悲嘆の訴えを華美な言葉でおおい隠す。これが哲学か。匿名の叫び声……

★

みずからの困惑の強化に執した精神、会話が稔り豊かなものになるのは、こういう精神のあいだで交わされるときだけだ。

★

「もう二度と会うこともなく死んでしまうかも知れませんから、拙宅へおこし下さるべきですわ。」——「いずれにしろ死なねばならないのですから、お会いしてどうなるものでしょうか。」

★

私たちはつねに一種いいがたい満足感をもって眠りに落ちる。いわば眠りのなかにすべり込み、喜んで眠りのなかにもぐり込むのである。私たちがしぶしぶ眠りから覚めるのは、真の、そして唯一のパラダイスともいうべき無意識を捨てさるのに断腸の想いを禁じえないからである。とはすなわち、人間は人間でなくなってはじめて充ち足りているということだ。

★

タルムードの明言するところによれば、「中傷は偶像崇拝、近親相姦、いや殺人にもおとらぬ由々しき罪である」。——いかにもその通りだ。だが人を殺さず、母親と寝ることなく、黄金の仔牛に犠牲を捧げずとも生きられるにしても、隣人を、そして隣人の裡《うち》なるおのれを憎むことなく一日を過すには、どんな手管を弄すればよいのか。

★

平手打ちと不作法、前者の方がつねにはるかに耐えやすい。

★

起きぬけに不愉快な気分だと、たとえ自己観察にすぎないにしろ、耐えがたい発見にゆきつくこと必定である。

★

昆虫の大展示会、入りかけて私はあやうく引き返した。みといれる気にはとてもなれなかったのである。

決して人の噂にのぼることはあるまいと思われる民族のひとりとして生をうけたことは、ひどい屈辱だが、しかし耐えがたい屈辱ではない。

★

私たちはだれしも例外なく思い違いをしており、錯覚のなかに生きている。私たちが容認することができるのは、せいぜい虚構の階梯、非実在の位階であり、あれよりはこれを好むことだが、しかし、こと選択となると、これは断じてできないのである。

★

死の克服を可能ならしめるものは、ほとんど空《くう》の知覚だけだ。なぜならば、すべてが実在性を欠いているなら、どうして死に実在性があろうか。

★

詩よりもむしろアフォリスムにおいてこそ言葉は神である。

★

前の日に没頭していた考えを、どうして翌日もまたむしかえすことができようか。どんな夜であれ、ひと夜を過せば私たちはもう同じ人間ではない。連続性のファルスを演ずるのは、いかさまをやっていることなのだ。――かたわれ、これこそおそらくは期待はずれの、しかし唯一かけ値なしの類概念である。

★

あの一切のことに終止符をうつのはいかにも易々たることであるにもかかわらず、私たちはだれしも、病変が、あるいは歳月がけりをつけてくれるものと期待している。帝国と同じように、個人もまた恥辱にみちた、長ったらしい最期を好むのである。

★

私たちがなしたいと願っている一切のこと、ましていわんや私たちが現になしつつある一切のことは、私たちには重要不可欠なものにみえるが、この事実をどう説明すべきであろうか。神をして原初の怠惰を捨てせしめた無分別は、私たちのどんな些細な行為のなかにも看てとれる。――そしてこれが私たちの立派ないいわけなのである。

★

午前中一杯、私はすべもなくこう繰り返すだけだった、「人間はひとつの深淵、人間はひとつの深淵」。——残念ながら、これにまさる言葉はみつけだせなかったのである。

★

老いとは、要するに生きたことに対する懲罰にほかならぬ。

★

倦怠はすべてを深く掘り下げるようにみえるが、その実、何も掘り下げはしない。なぜなら、それはおのれ自身の内部に下降するにすぎず、おのれ自身の空無を探るにすぎないからだ。

★

希望とは精神錯乱の通常の形態である。

★

私の存在欠如。生きながらえようと懸命に努力しているにもかかわらず、土台がなければそれもかなわない。

★

いかにしてみたところで、私には実在しているかも知れぬものが視えない。

★

あの解決不可能な大問題のひとつに取り組むこと、なによりも困難なのはこんなことではない。むしろ、一切が語られていると同時に何ひとつ語られていない、微妙な、さりげない言葉を他人に語りかけることこそむつかしいのだ。

★

おかしな夢を見たが、こんなものをぐずぐず考えようとは思わない。人によってはこと細かに分析する者もいるだろうが、これはとんでもない間違いだ！　夜をして夜を葬らしめよう。

明白なかずかずの長所のためのみならず、隠れた長所のためにも、ある言語に愛着を抱いているとき、言語学者どもがその言語を扱う許しがたいやり方を目にすると、彼らがいかにも厭うべき人間に思われ、彼らを有無をいわせず絞首刑に処する第一級の制度でもあれば、喜んでそれに肩入れしたいくらいである。

★

パスカルはフランス語でしか引用できない。たとえ完璧に翻訳されたとしても、彼はその語調を、その実質を、その単一性を失ってしまうただひとりの散文家である。それというのも、『パンセ』はさんざん朗唱されてきたがゆえに、平凡なリフレインに、決まり文句に変ってしまったからである。それも前代未聞のリフレイン、衝撃的な決まり文句にだ。ところで、決まり文句というものは、みごとなものであれ下らぬものであれ、修正がきかない。それは繰り返される稲妻のように、もとのままの、月並みな表現を損なわずに披瀝しなければならないのである。

★

制作し、〈創造〉しようと欲するなら、〈自己肯定〉が不可欠であるとする見解が行なわれてきた。だが、この逆こそ正しいのである。それというのも、私たちは制作に着手してはじめて自分を肯定するからであり、そして私たちが他人の上に、なかんずく自分自身の上に身をかがめるのは、一歩ごとに出くわすこの見知らぬ人間、素性を明かすのを拒むこの人間、その秘密を攻撃し、あばきだし、汚さなければ厄介払いすることのできぬ、この見知らぬ人間がだれであるかを知るためなのだから。

★

一切のものの極限にあり、だれに向けられたものでもない、軽薄にしてしかも息苦しい一冊の本。

★

おのが思想を凝縮させ、むきだしの真実に磨きをかける――こんなことは必要とあらばだれにしたところでなしうることだ。だがそれなくしては、簡潔な叙述もたんなる記述、たんなる格言にすぎない辛辣な洒落には、名人芸が、あえていえばペテンが必要である。無傷の精神の持ち主はこんな危険をおかすべきではあるまい。

★

後世のために書くなどとうそぶいている作家は、悪しき作家と相場がきまっている。だれのために書いているか知るべきではないのだ。

★

熟考するとは不可能性を確認することにほかならない。瞑想するとは、この不可能性に爵位を与えることにほかならない。

★

自己実現をはたすべきは文学の次元においてか、それとも精神の次元においてか。もつべきは才能か、それとも内的力か。はたしていずれをよしとすべきなのか。

後者の方法こそ望ましいものと思われる。というのも、前者よりはずっと稀有なものでもあれば、私たちをずっと豊かにするものでもあるからだ。才能はどのみち枯渇するが、これに反し、内的力は年とともに増大し、私たちがこと切れる瞬間に最高点に達することさえあるのである。

★

伝記作者ユリウス・カピトリニウスの語っているところによると、マルクス・アウレリウスは自分の妻の愛人たちに「最大限の敬意」を払ったということである。

知恵は常軌逸脱と膚接しており、しかも賢者は、ひとりの奇人、ひとりの変り者であってはじめて賢者と呼ばれるにふさわしいのだ。

★

どのようなかたちのものであるにしろ均衡が精神を窒息させるものなら、健康は間違いなく精神の息の根を止める。

★

ときおり経験する、きわめて非哲学的なあの瞬間を除けば、存在が何を意味するか、ついに私は了解することができなかった。

★

何《リアン》ものも願わず、この無《リアン》に浸されては、ついには無に酔いしれる——こうしてはじめて私は充たされるのだ。

★

もし私が盲《めしい》になったら、空を行く雲をもう白痴然としてあかず眺めることはできない。これこそ私にとって最大の困惑事であろう。

★

生きてあるということは尋常なことではない。なぜならば、生あるものが生あるものとして存在し、真に実在しているのは、それが脅かされている場合にかぎられるからである。死とは、要するにある種の異常の停止にほかなるまい。

★

二歳半になっても笑みをうかべない子供は、さだめし不安を抱かせるに違いない。ほほえみは健康と均衡の徴であろう。事実、狂人はほほえむというより笑うのである。

★

苦しんだことがないかぎり、私たちは虚偽のなかに生きている。だが苦しみ始めると、真実を理解してもただひたすら虚偽をなつかしむのである。

★

墓石がこんなに積み重なっているところを見ると、人々は死ぬこと以外に他に関心とてはないかのようだ。

★

ある未知の男が、私が相変らずXに会っているかどうか知りたいという。私は会っていないと答え、疎遠の理由をことこまかに説明する。その説明たるや実に詳細をきわめたものであって、眠りから覚めてみると、夢のなかでは、すべてのものが眠りによって混乱をきたし、支離滅裂となり、奇妙きてれつなものになっているというのに、どうしてひとつの情況だけをあんなにも厳密に説明することができるのか、われながら不思議に思うほどである。それは遺恨の論理というものであり、一切のものを、「混沌」さえへとも思わぬ何ものかである。

★

狂信に堕することなく、なおかつ筋金入りの人間になることができるだろうか。不幸なことに、魂の力はつねに狂信に堕するきらいがある。〈英雄〉そのものにしてからが変装した狂信者にほかならない。

★

午前中いっぱい、奇妙な感覚につきまとわれる。自分をひけらかしたい、かずかずの計画を樹て、固く意を決して制作にはげみたいという羨望、さらには妄想、興奮、酩酊、御しがたい至福感。幸いなことに、やがて疲労がやってきて私を鎮め、私をたしなめ、それぞれの瞬間の無を悟らせてくれるのである。

★

憂鬱も絶望も最悪のものではない。両者の出会い、その衝突こそが最悪事なのだ。両者のはざまで粉砕されているとは！

★

私は懐疑論者なのか、鞭打ち苦行者なのか。——私には決して分かるまいが、分からぬにこしたことはないのである。

★

夭折の幸運に恵まれなかった者が死後に残すものとては、その自尊心の風刺画にすぎまい。

★

悲しみは私の感受するものといかにも深く結びついており、一種の反射能力を獲得しているほどである。

★

〈おのが日々に危害を加える〉——これはまたなんという正確な表現か！　けだし、私たちの所有しているのは日々であり、そしてそれが、私たちが危害を加えうるもののすべてなのである。

★

ありきたりの倦怠に浸っているとき、私たちは何ものも望まないし、好奇心から泣くという行為に及ぶことさえない。ところが倦怠が昂じると、事態は一変する。というのも、倦怠の過剰は私たちを行為にさそうからであり、そして泣くことはひとつの行為なのだから。

★

ノルマンディーのこの港町で、今しがた「月の魚」と呼ばれる一匹の巨大な魚が捕獲されたところである。この北方には棲息していない魚だから、おそらく暖流に運ばれてきたに違いない。防波堤に長々と横たえた身体を一瞬はげしく揺すり、ねじったかと思うと、もうじっとして動こうともしない。苦悶なき断末魔、もって範とすべき断末魔である。

★

死に直面したとき、あのようにあさましく茫然自失することがないならば、死が、どこといって欠陥のないあたり前の人間の上に例外なく及ぼすはずの魅惑にあらがうことができるのは、二、三の狂人だけだろう。

★

神学は本質的栄光と偶然の栄光とを区別する。大切なのは前者だけだが、私たちが知り、そして理解するのは後者だけだ。

★

あらゆる企図は、例外なく束縛の偽装された一形式にほかならない。

断念するか、それとも脳みそを弾丸でぶち抜くか、これがある種の転機において私たちにせまられる選択である。だがいずれにしろ、唯一まことの品位とは、この種の選択を拒まれた者の品位である。

★

私の衰弱が始まったのは、エクスタシスが私を見舞うこともなくなり、異常事が私の生を見捨ててしまった瞬間からである。かわりに私にこびりついて離れなくなったのは、ある種の不毛で不安な驚きだったが、この驚きは、やがては驚きとしての価値を失い、無力なものと化し、あらゆるものを、不安そのものをさえ失ってしまう危険があるのである。

★

死の観念はさもしい考えの一切をきれいさっぱり取り除いてくれる、というのは正しくはない。死の観念を抱きながら、私たちはこの種のさもしい考えをもつことを恥とすら思ってはいないのである。

何ものをもってしても、私たちのどんな些細な点すら矯めることはできない。野心家はこと切れる最期の瞬間まで野心家のままであり、地球がいままさに砕け散ろうとする瞬間でさえ、彼は幸運と名声とを追い求めるであろう。

★

今この瞬間、私はひとりだ。これ以上のものをどうして望みえようか。これ以上に強烈な幸福は存在しない。しかり、沈黙のおかげで、わが孤独の成長する音を聞く幸福。

★

シュメールの神話によれば、洪水は、人間のたてる騒音のゆえに神々が人間に科した懲罰であった。——現在の喧噪に対して神々はいったいどのように人間に報いようとするか、その方法を知るためとあらばどんな犠牲もいとわないのに！

★

私は死の観念のまわりを何度となくへめぐったが、もしその観念に対して私のたちいたったところを語ったならば、嘘としか思われないほどである。確実なことは、私にはこの観念なしですますことは不可能であり、他のことを反芻することはできないということだ……

実生活における不幸のつきることなき源泉である臆病は、あらゆる内面の富の直接の、あえていえば唯一無二の原因である。

★

かつては動物であり、そして今もって動物である人間は、動物以上のものでもあれば動物以下のものでもある。もし超人などというものがありうるとすれば、それは人間以上のものでもあれば人間以下のものでもあろう。それはとてつもなく物騒な、望ましからざるものであり、そんなものの出現を期待するのは軽率のそしりをまぬかれまい。

★

人間や事物に自分を関連づけて考えるのは沙汰のかぎりだが、そういうものから自由になりうると信ずるにいたっては何をかいわんやである。是非とも解脱を願いながら、その実つねに解脱の志願者にすぎぬとは！

形而上学の言葉一式、これだけが生存をいくらかでも引き立たせることができる――もっとも、私たちがこれの使用に応ずるとしての話だが。

形而上学を、どんな華美とも、どんなけばけばしさとも無縁のものと考えはじめるや、生存はたちまち哀れな奇跡となりはてる。

★

死とは、生が現在までに発明したもっとも強固なものだ。

★

歴史のドラマの決定的瞬間、これは私たちの手には届かない。私たちはこのドラマの先ぶれにすぎず、「審判者」なき「審判」のトランペットにすぎない。

★

時間、この殺戮者どもの共犯者は、道徳を失墜させる。今日、だれがネブカドネザルを恨もうか。

★

一国家が重きをなすには、その中間層が優れていなければならない。文明、あるいはたんに社会と呼ばれているものは、国家を構成する凡庸な人々の優れた質、これ以外のなにものでもない。

★

トルクマーダ[12]は誠実であった。したがって冷酷、無情であった。堕落した教皇たちは、買収のきく人間がすべてそうであったように、寛大であった。

★

ユダヤ人の古い掟は未来の予言を禁じていた。これは理にかなった禁止である。なぜなら、ユダヤ人の未来に待ちうけているものを、もし彼らがあらかじめ見抜いていたならば、彼らにしたところでおのれをささえ、ユダヤ人でありつづける力が、あのような運命のもたらす驚天動地の出来事に立ち向かう力があったとは思われないからである。

★

ある錬金術の著作家にこんな言葉がある、「さまざまの力は下から上にではなく上から下に働く」と。まさにその通りかも知れないが、歴史の展開にはまったくもって当てはまらない。沈没、これこそ歴史における法則である。

★

どんな行動理論も学説も、エピクロスを援用することはできない。彼は、あらゆる大変動、あらゆる約束に対する敵対者であり、ほんのわずかの前進にもついてまわるひけらかしに反対した者だった。バリケードの上で、彼を引き合いにだした者はいまだかつてひとりもいない。彼の陣地は後陣であり、そして彼が人間を作り変えようと願ったとすれば、人間が追いかけているものの手前に彼らを導くためであった。彼こそは熱狂のもっとも手ごわい敵、「最善」と「最悪」とを一刀両断にする達人であった。

★

中国のことわざにいう、「一犬虚に吠ゆれば、万犬実を伝う[13]」と。イデオロギーにかんするあらゆる注解にエピグラフとしてかかげるべき言葉だ。

★

一宗教の終焉を眺めることができるというのはまたとない特典である。これにくらべれば、一国家、いや一文明の凋落などなんであろうか。神の消滅に、そして神と一体の数千年に及ぶ常軌逸脱の消滅に立ち会うことは、この上ない歓喜であり、歴史の歩みのなかで、この歓喜を知る幸運に、あるいはこれを想像してみる幸運にさえめぐり会えた世代はほとんど存在しないのである。

★

私たちはあらかじめ決定されているが、しかしロボットではない。ある不完全な宿命の内部において、私たちはおおかれすくなかれ自由である。他者との、そしておのれ自身との対立は、私たちの牢獄のなかにひとつの裂け目をうがつが、腐敗に段階があるように、自由にも段階のあることはまぎれもないことである。

★

生を実際以上に重要視するのは、ぐらついている制度のもとにある人々のおかす誤りである。その結果、これらの制度の擁護のためとあらばわが身を犠牲にしてかえりみない人間はもはやただのひとりもいなくなり、制度は打撃をうければ、たちまち崩れ去ってしまうのである。この間の事情は、民族一般の場合にさらによく当てはまる。すなわち民族が生を聖なるものとみなしはじめるや、生はたちまち彼らを見捨て、彼らの味方ではなくなるのである。

★

自由とは消費であり、私たちを疲弊させるが、それにひきかえ抑圧は力を蓄積させ、自由な人間の、自分のもてるよきものを表現し外在化する能力の行使から生ずる、あのエネルギーの浪費を阻むのである。奴隷たちが最後にはつねに勝利をおさめることになるのも、これで合点がゆくというものだ。不幸なことに、主人たちはおのれを顕示し、その実質をからにし、自己を表現する。その天与の才の、ありとあらゆる特典の、だれはばからぬ行使は、ついには彼らを影の身分におとしめる。自由の餌食と化したのである。

★

農奴、かずかずの大聖堂を建てたこの民衆。解放後、彼らはもっぱら恐怖をのみを作りだす。

★

人間とは承認しがたいものだ。

★

ペテン師どもを避けよう、金輪際いかなる諾も口に出すまい！

★

実現途上にある一切のユートピアは、例外なく皮肉な夢に似ている。

★

我慢できるのは浅薄なる宗教——ないしはイデオロギーのみ。不幸なことに、歴史はこれを一顧だにしない。

★

プロメテウスが人間を作るために粘土に混ぜたものは水ではなく涙であった。

……古代人を語るにさいして、いまだに冷静なる言葉が使われているが、これはいかなる時代においてもなんら内容のない言葉であった。

★

失墜した大義にうつつをぬかし、ついには大義という大義はすべて失墜したものと考えるにいたる。これはしかし必ずしもまったくの思い違いではないのである。

★

「狂人の人生は喜びのない、不安なものであり、あげて未来に向けられている。」——モンテーニュの引いているこのセネカの言葉を使って、歴史の意味に対する妄執はさまざまの錯乱の一原因であることを示すこともできよう。けだし、これはまぎれもない事実なのだ。歴史の流れに従うにしろ、あるいはさからうにしろ、結局は同じことだ。なぜならば、いずれの場合においても、私たちは同意せる、あるいは不承不承の犠牲者として、いぜんとして未来をみつめつづけているからである。

★

太古以来、人類はきれいさっぱり歴史と縁を切るつもりで、大動乱の出現の期待にしがみついている。

注目すべきは、人類がこの夢をいかにも早く、事実上その発端の時期に、もろもろの事件も過度の重荷とはなりえなかった時期に、作りあげていたことである。人類を待ちうけているものに対する恐怖、数千年の時代が人類に運命づけているものに対する恐怖が、いかにも強烈な、いかにも明白なものであったからこそ、この恐怖はたちまち確信に、ヴィジョンに、希望に転化してしまったのだと思わざるを得ない……

★

「私の裡には避けがたい結末に対する本能があった。」――セント・ヘレナ島でナポレオンの発したこの言葉は、だれでもこれを口にする権利がある。つまりこの言葉は、人間の軽挙妄動一般にさえあてはまるのだ。軽挙妄動につきものの、あのいかがわしいところも、曖昧さも、ぼやけたところも、悲劇性も、息たえだえの前進も、最後の段階に向けての、うじ虫やデクの坊どもの天下へ向けての歩みも、この言葉ですべて説明できるのである。

★

ノヴァーリスはいう、「世界を私たちの意志に一致させるのは私たち次第である」と。

生涯の終りにのぞんで、いわんや歴史の終りにのぞんで、私たちが考え、かつ感受しうる一切のものは、まさにこれとは正反対のことである……

訳注

「二つの真理」

（1）以上の記述は、『ヨハネ黙示録』第十二章七節以下を踏まえている。

（2）「一切業果捨施」　原文はサンスクリット語 Sarvakarmaphalatyâga

（3）シャロン　十六世紀フランスの神学者、モラリスト（1541—1603）。モンテーニュの影響をうけ、宗教的寛容を説く『知恵の書』を残している。

（4）ランセ　十七世紀フランスの聖職者、宗教改革者（1625？—1700）。厳格な修道院改革者として著名。

「回想録の愛好者」

（1）サン＝シモン　フランスの大貴族（公爵）、軍人、政治家、モラリスト（1675—1755）。『回想録』は、ダンジョーの日記その他を資料として使いながら、主として彼がルイ十四世の晩年に実際に見聞した体験にもとづいて書かれたもので、一六九一—一七二三年にわたるおよそ三十年間の宮廷内外の生活史である。史料としては偏見と多くの誤りを含みながらも、当時の著名な人物群と社会の姿が活写されており、文学的には高い評価をうけている。

（2）デファン夫人　フランスの侯爵夫人（1697—1780）。才媛として有名であり、当時の社交界の花形であった。彼女のサロンには、ヴォルテール、モンテスキューなど錚々たる人物が集った。ヴォルテールをはじめ、ダランベール、ウォルポール等と交わした厖大な書簡が残されているが、これらの書簡で彼女は冷静な自己分析を行っている。「感情喪失」も書簡中の有名な言葉。

（3） デュクロ　十八世紀のフランスの作家、モラリスト（1704―1772）。小説としては『★★★伯の告白』があるが、ここで言及されている歴史書は、ルイ十五世に捧げられた『現代風俗考』（一七五一）であると思われる。

（4） ガリアニ神父　イタリアの外交官、経済学者、作家（1728―1787）。ナポリ王のフランス駐在大使の秘書としてパリに滞在中（1759―64）、百科全書派の人々と親交を結んでいる。経済学関係の著作をはじめとして多くの著作を残しているが、なかでもデピネ夫人と交わした厖大な書簡は、十八世紀の社会生活を知る上で貴重な資料ともなっている。

「**歴史以後**」

（1） 原始仏教の経典『阿含経』は南方系仏教では五部に分けられており、そのうちのひとつを『相応部』*Samyutta-Nikâya* という。

「**最悪事の緊急性**」

（1） 『ヨハネ黙示録』第一章十八節参照。

（2） 引用は、『ヨハネ黙示録』第六章十二節―十四節から。

（3） 「エペソスの哲学者」　ヘラクレイトスを指す。

「**眩暈粗描**」

（1） 『憂鬱の解剖』　イギリスの文人ロバート・バートン（1577―1640）の作品。『恋愛解剖学』なる表題で斉藤美洲氏による邦訳がある（桃源社刊）。

（2） 「アルマニャック派」　百年戦争の際、フランスでブルゴーニュ公の一派に対立した党派。名称はブルゴーニュ地方のアルマニャック伯領に由来する。

(3) 『リア王』第二幕、第四場からの引用。

(4) 『ヨハネ黙示録』第二十章、十二節からの引用。

(5) ラマナ・マハルシ (Ramana Maharshi) インドの宗教哲学者 (1876—1951)。インドの近代宗教改革者として著名なラーマクリシュナの弟子。

(6) 「廉潔の士」 ロベスピエールの異名。

(7) オトー ローマの軍人、政治家 (32—69)。ネロの友人でもあり、皇帝にもなるが、最後は自殺している。

(8) チャンドラキールティ (Candrakīrti) インド中期中観派の論師。月称ともいう (600—650?)。

(9) 『マクベス』第三幕、第二場からの引用。

(10) 『阿毘達磨倶舎論』 *Abhidarmakoçavyâkhyâ* 略して『倶舎論』ともいう。五世紀頃のインドの世親の著。小乗仏教の教理の集大成である大毘婆沙論の綱要書。

(11) シリア人のイサク 未詳。

(12) トルクマーダ スペインのドミニコ会士、異端審問官 (1420—1498)。苛酷なユダヤ人迫害で、ファナテイズムの象徴ともみなされている人物。

(13) 直訳すると、「一匹の犬が影に向かって吠えると、一万匹の犬がその影を実物と思い込んでしまう」というほどの意。ちなみに、中国語原文は、「一犬吠虚、万犬伝実」。

訳者あとがき

本書は、E. M. Cioran : *Ecartèlement*, Coll. 《Les Essais》, Gallimard, 1979. の全訳である。

原著の表題には、邦訳の表題とした「四つ裂きの刑」のほかに、さまざまの対立・葛藤に引き裂かれた人間の心的状態というほどの意味があり、正直のところどちらを採るべきか迷ったが、表題として適当な言葉が思いつかぬまま、ここはまずはストレートにと、前者を採ることにした。

『時間への失墜』（一九六四年）、『悪しき造物主』（一九六九年）と、偶然といえば偶然のめぐり合わせで訳者としてシオランにつき合うのはこれで三度目だが、『時間への失墜』からかぞえて十五年後に刊行された本書の翻訳を通して、基本的なところでシオランの思想にほとんど変化のないことがあらためて確認できたように思う。もっともシオランのような人間の場合、思想というものが便利な意匠（あるいは衣裳）のように簡単にとりかえのきくものではなく、否応なしにかかえこまざるを得ぬ宿痾のようなものであってみれば、こんなことはいまさら確認するまでもない自明なことなのだろう。宿痾は不治であるからこそ宿痾なのだ。読みくらべてみれば、この間の事情は、さらに十五年前に刊行されたフランス語による第一作『崩壊概論』(一九四九年)と、『時間への失墜』のあいだにも確認できるはずだ。

考えてみれば、シオランほど自分の〈生理〉に執した思想家、自分の思想を生理学の用語で語った思想家は稀れである。すくなくとも私の経験では、ニーチェ以後、バタイユを別にすれば、こんな語り口をしてみせる思想家にはさっぱりお目にかかっていない。シオランの思想が、耽溺か唾棄か、ほとんど一方的な選択しか読者に許さぬてい̇の̇ものなのは、それが彼の〈生理〉と骨がらみのものであるからだ。早い話、他人の〈生理〉にどうしてこれ以外の態度が執れるだろうか。もし彼の思想に変化が訪れて来るとすれば、ニーチェの場合がそうであったように、それはまず〈生理〉の変化として訪れて来るのではあるまいか。

本書刊行後、シオランはまとまったものは一冊も刊行していない。一年おきぐらいに雑誌に発表されるアフォリズム集が彼の健在ぶりを確認する唯一の手がかりだったが、これも私の知るかぎり一九八二年以降はみられなくなった。翌八三年に短い文章がNRF誌に発表されたが、これはいってみれば、『崩壊概論』についての回想文にすぎない。一九一一年生れのシオランは今年で七十五歳になるはずで、彼の読者としてはいささか気になるところだが、それでもときおり、こんな懸念など吹きとばすかのように、いま「鼻炎の現象学」を書いているところだとか、作家論をまとめているところだといったような言葉が風の便りとして私のようなもののところにまで伝えられてくる。そういえば、今度の訳書が「日本人のオプティミズムにゆさぶりをかけてくれることを願う」と、いささか物騒な言葉を私信に書きそえてきたのもつい最近のことだ。彼の思想の変化について、あえていえば〈衰弱〉について語るのは、まだまだ早すぎるようだ。

「訳者への手紙」は序文がわりにとシオランから訳者宛に送られてきたものである。御覧のように短いもので、本訳書への掲載についての判断は訳者にゆだねられたが、〈手紙〉とはいえ公表を前提に書かれたものであることを考え、急ぎ訳出し掲載することにした。

なお本訳書中の一篇「最悪事の緊急性」は、一九六一年に発表された「深淵の鍵」をほぼ三分の二程度に圧縮したものである。「深淵の鍵」については、つとに出口裕弘氏の訳業があり（国文社刊）、訳出にあたり参看し、たくさんの示唆を得た。屋上屋を架するの愚をおかしたおそれなしとしないが、ここに遅ればせながら篤く御礼申し上げる次第である。

今回もまた稲義人氏、編集担当の松永辰郎氏をはじめとする法政大学出版局の方々に種々御面倒をおかけした。ここにあらためて謝意を表するとともに、本訳書が、縁あってすぐれた読者との遭遇をはたさんことを願いつつ後記にかえる。

昭和六十一年一月　　金井　裕

《叢書・ウニベルシタス　184》
四つ裂きの刑

1986年 4月 1日　　初版第1刷発行
2023年 2月28日　新装版第1刷発行

E. M. シオラン
金井 裕 訳
発行所　一般財団法人　法政大学出版局
〒102-0071 東京都千代田区富士見 2-17-1
電話03(5214)5540 振替00160-6-95814
印刷：三和印刷　製本：積信堂
装幀：奥定泰之

Printed in Japan

ISBN978-4-588-14073-0

著　者

E. M. シオラン（E. M. Cioran）

1911 年、ルーマニアに生まれる。1931 年、ブカレスト大学文学部卒業。哲学教授資格を取得後、1937 年、パリに留学。以降パリに定住してフランス語で著作を発表。孤独な無国籍者（自称「穴居人」）として、イデオロギーや教養で正当化された文明の虚妄と幻想を徹底的に告発し、人間存在の深奥から、ラディカルな懐疑思想を断章のかたちで展開する。『歴史とユートピア』でコンバ賞受賞。1995 年 6 月 20 日死去。著書：『涙と聖者』（1937）、『崩壊概論』（1949）、『苦渋の三段論法』（1952）、『時間への失墜』（1964）、『生誕の災厄』（1973）、『告白と呪詛』（1987）ほか。

訳　者

金井　裕（かない・ゆう）

1934 年、東京に生まれる。京都大学仏文科卒。訳書：シオラン『絶望のきわみで』、『思想の黄昏』、『敗者の祈禱書』、『欺瞞の書』、『悪しき造物主』、『オマージュの試み』、『カイエ 1957–1972』（第 44 回日本翻訳文化賞、第 13 回日仏翻訳文学賞受賞）、カイヨワ『アルペイオスの流れ』ほか。

シオラン／金井 裕訳

（表示価格は税別）

カイエ 1957–1972

既存の思想・神学体系と決別し、生の基本感情の率直な表出によって歴史と文明に対峙してきた孤高の思想家の厖大な未発表ノート。日本翻訳文化賞、日仏翻訳文学賞受賞

27000円

敗者の祈禱書

占領下のパリを彷徨し、己の出自への激しい否定の感情と共に歴史の黄昏を生の根本感情として内面化し、「形而上の流謫者」、「世界市民」としての新たな出発を記す。

2800円

悪しき造物主

パリの遊民として，全世界への呪言を綴る異色のエッセー。異端の神々や仏陀に託して己を語り，空・涅槃・死・救済をめぐって，変幻自在に人間存在への憎悪を語る。

3000円

オマージュの試み

エリアーデ、カイヨワ、ベケット、ボルヘス等々、同時代人たちの肖像。その生身の風貌を友情と愛惜をこめて語りつつ〈窮極的なるものへの情熱〉への共感をつづる。

2400円

四つ裂きの刑

現代文明の負の証人・シオランによる異色のアフォリズム集。死と虚無への挑戦を〈普遍的な無益さ〉として語り，〈日々の啓示〉によって人々を勇気と歓喜へと誘う。

3200円

P・ボロン／金井 裕訳

異端者シオラン

ファシスト組織〈鉄衛団〉とのかかわりなど、謎につつまれたルーマニア時代の青年期の実像を新資料を発掘して浮彫にした待望の評伝。シオラン思想の中核に迫る。

3800円